Kurt Tepperwein

Leben wie Little Buddha

Kurt Tepperwein

LEBEN WIE LITTLE BUDDHA

SILBERSCHNUR VERLAG

ISBN: 978-3-89845-676-0
1. Auflage 2021

Gestaltung & Satz: XPresentation, Güllesheim
Umschlaggestaltung: XPresentation, Güllesheim; unter Verwendung der Motive von © Gorbash Varvara und © AleksandraV; www.shutterstock.com
Druck: Finidr, s.r.o. Cesky Tesin

Verlag »Die Silberschnur« GmbH · Steinstr. 1 · 56593 Güllesheim
www.silberschnur.de · E-Mail: info@silberschnur.de

Ihr, die Ihr Buddhas Weg folgt!
Warum sucht Ihr die Wirklichkeit so
beharrlich an fernen Plätzen?
Sucht Verblendung und Wirklichkeit
in der Tiefe eures eigenen Herzens.

Ryokan, Eine Schale, ein Gewand

INHALTSVERZEICHNIS

VORWORT

Irgendwann auf dem Weg zu uns SELBST erkennen wir, dass wir schlafen. Nicht nur nachts, sondern auch tagsüber schlafen wir mit offenen Augen. Wir glauben wach zu sein, in Wirklichkeit aber träumen wir nur unseren »Traum vom Leben«. Genau das zu erkennen ist der wichtigste Schritt auf dem Weg zu uns SELBST, denn wir würden uns nicht »bemühen« aufzuwachen, wenn wir glauben würden, dass wir wach seien. Dabei träumen wir nur, wach zu sein. Aber im Leben eines JEDEN Menschen kommt irgendwann ein einmaliger Augenblick, in dem er das erkennt, und sich seiner SELBST bewusst wird. Von einem Augenblick zum anderen erkennt er, dass er nur träumt und erinnert sich wieder an das, was er WIRKLICH ist. In diesem Traum lebt er in der »Illusion des Ich«, aus der heraus ALLE Probleme und alles Leid des Lebens entstehen. Beides verschwindet mit dem Erwachen, denn Bewusstsein ist dort, wo Probleme und Leid nicht sind.

Wir sind nach dem »Ebenbild Gottes« geschaffen und tragen daher das Potenzial der Vollkommenheit in uns. Wir sind ein vollkommener Ausdruck der »Vollkommenheit des SEINS«.

Indem Sie Ihre Aufmerksamkeit auf Ihre natürliche Vollkommenheit richten und gerichtet HALTEN, erwachen Sie zu sich SELBST. Sie atmen, denken, fühlen und handeln als dieses vollkommene SEIN. Sie lassen ALLES ganz bewusst los, was Ihre natürliche Vollkommenheit be- oder gar verhindert. Lassen Sie sich ganz auf das ein, was Sie gerade tun und tun Sie es so vollkommen, wie möglich. Sie können JEDERZEIT in diese »Vollkommenheit des Tuns« eintreten. Dabei erkennen Sie, dass es keine »geringen« Tätigkeiten gibt, denn alles, was wert ist getan zu werden, ist wert, vollkommen getan zu werden. **Damit ist Vollkommenheit kein fernes Ziel mehr, sondern JEDERZEIT erreichbar.**
Sie SIND die »liebevolle Präsenz des SEINS« und ein »Botschafter der Vollkommenheit«, der die Aufgabe hat, die Vollkommenheit ins JETZT zu bringen – und das in JEDEM Augenblick. SIE selbst entscheiden, WANN Ihr vollkommenes SEIN beginnt. Durch diese erreichte Vollkommenheit Ihres Wahren SEINS gelangen Sie vom Werken zum »Wirken«. Erst dann sind Sie wirklich bei sich SELBST angekommen. Es gibt kein

»Ich«, keine separate Person, sondern NUR noch Bewusstsein.

Sobald Sie durch dieses »Tor zum Bewusstsein«, in Ihr Wahres SEIN eintreten, entfaltet sich die natürliche Intelligenz des SEINS. Das Denken entfällt und wird umfassend durch die Wahrnehmung ersetzt. Es ist die reine, umfassende Intelligenz, über die JEDER verfügt, der »erwacht«. Mit dem Denken verschwindet das »Ich«, das es ohnehin nie wirklich gegeben hat, sich aber anmaßte, alles regeln zu müssen, ohne es je wirklich gekonnt zu haben. Das »unpersönliche Leben« beginnt, frei von einem ständig urteilenden »Ich«. Von einem Augenblick zum anderen ist man plötzlich »zuhause angekommen« und lebt von da an STÄNDIG in der »Wirklichkeit des SEINS«.

Aber Bewusstsein erwacht nicht von selbst, es ist die Folge IHRER bewussten Entscheidung. Irgendwann schauen Sie in den Spiegel, in der Erwartung Ihr vertrautes »Ich« zu sehen und schauen plötzlich sich SELBST in die Augen. Da ist keine Persönlichkeit, kein »Jemand« mehr, nur reines SEIN. Erst wenn Sie so »angekommen« sind, erkennen Sie, dass Sie (das, was Sie wirklich sind) nie weg waren. In dem Maße, wie Sie »erwachen«, verschwindet das Leid aus unserem Leben, weil niemand mehr da ist, der leiden könnte. Mit der »Illusion des Ich« verschwinden Schwierigkeiten und Probleme, Sorgen, Ängste und Stress. Eine große Erleichterung wird spürbar und Sie werden von einer unbändigen Freude erfüllt. Das Leben bekommt eine ganz neue Qualität, eine andere Dimension, so wie es ursprünglich von der Schöpfung »gemeint« ist und Sie fragen sich, warum Sie sich das so lange vorenthalten haben. In dem Maße, wie Sie »erwachen« wird auch das Leid aus Ihrem Leben erwachen, weil da niemand mehr ist, der leiden könnte.

Leben kann so einfach sein.

DAS LEBEN: EINE »FORSCHUNGSREISE INS EIGENE BEWUSSTSEIN«

Es ist die gleiche Erfahrung, die schon BUDDHA machte, bevor er BUDDHA wurde. Alle Probleme, alles Leid kommt aus der »Illusion des Ich«. Das Bewusstsein hat keine Probleme, und kennt auch kein Leid. Sich bewusst zu sein, bedeutet auch das Ende von Krankheit, denn Bewusstsein KANN nicht krank werden. Es ist auch der Beginn »Alter-los« zu leben, denn Bewusstsein hat natürlich auch kein Alter. Bewusstsein hat auch kein Karma, denn es ist von seiner Natur her frei von menschlichen Begrenzungen und Unzulänglichkeiten. Bewusstsein wurde weder geboren noch kann es sterben – Bewusstsein IST.

Mit dem Bewusstsein erwacht die Wahrnehmung, das Erkennen der Wirklichkeit HINTER dem Schein. Dadurch wird Denken mehr und mehr überflüssig. Sie hören auf, sich zu »bedenken« und fangen an, sich zu erleben. Wahrnehmen ist das Ende aller Fragen, die ohnehin nur aus dem Verstand kommen. Bewusstsein WEISS!

Sich als Bewusstsein zu erfahren heißt, sich dessen bewusst zu sein, seine innere Vision von sich SELBST zu erkennen und auch zu verwirklichen.

Sobald Sie Ihre Aufmerksamkeit auf das Bewusstsein richten, beginnt es zu erwachen. Dann wandert das Denken in den Hintergrund und wird umgehend durch eine reine Wahrnehmung ersetzt. Das Denken verliert so wie das »persönliche Ich« seine Wertigkeit und Sie erkennen, dass beides nie real gewesen ist und nicht wirklich sein kann. Auch wenn es noch »da« ist, erfahren Sie sich in Ihrer Wirklichkeit. Der »Fluss des SEINS« wird spürbar und Ihr Leben wird ganz anders verlaufen – Harmonie kehrt ein. Sie leben als Beobachter und verweilen in der ständigen »Präsenz des SEINS«, welche Leichtigkeit vermittelt. Die Identifikation mit dem Persönlichkeitstraum endet und die wahre Identität wechselt aus dem illusorischen ICH, in die ICH BIN Energie, die Bewusstsein, Licht und Liebe ist.

Beim Eintritt in die Materie wird das Bewusstsein zunächst durch den Körper und seine begrenzten Möglichkeiten begrenzt.

IN WIRKLICHKEIT ABER BLEIBEN DIE MÖGLICHKEITEN DES BEWUSSTSEINS GRENZENLOS UND ALLUMFASSEND.

Ein wichtiger Teil der Lebensabsicht ist es, wieder »zu Bewusstsein« zu kommen, das heißt, sich seiner SELBST bewusst zu werden und seinen Körper, als DAS Bewusstsein, in Besitz zu nehmen und aus dieser Neutralität heraus auch zu leben.
Solange Sie sich mit dem Körper, mit dem Verstand und der Persönlichkeit identifizieren und die äußere Realität Ihre Wirklichkeit ist, solange KÖNNEN Sie nicht aufwachen.

WICHTIG IST, DASS SIE SICH BEWUSST WERDEN: WER HANDELT, WENN SIE HANDELN?

Wer hört, wenn Sie etwas hören? Wer sieht, wenn Sie etwas sehen? Wer spricht, wenn Sie sprechen und wer erlebt das, was Sie erleben? Wer sind Sie?
Stellen Sie sich also folgende Frage: »Bin »ich« das, was denkt, spricht, fühlt und handelt, oder ist es nur mein Körper bzw. meine Sinne, die etwas wahrnehmen? Sie müssen sich also klar sein, wer dieses ICH ist, der das erlebt und das Sie zu sein glauben. Dieser Irrtum wartet nur darauf, um entlarvt zu werden. Warum also nicht jetzt? **BEI ALLEM, was Sie tun und erleben, ist Ihre Person zwar als Werkzeug dazwischengeschaltet, doch wer ist dieses Werkzeug und was sind Sie wirklich?**

Ein ICH kann nicht denken, denn Sie sind ein unpersönliches ICH, es ist das höchste, das es gibt. Wenn Sie aber sagen: »Ich« habe, »Ich« denke, »Ich« fühle, dann verwenden Sie dieses ICH für Ihr Ego – nur ein ICH hat mit dem EGO nicht das Geringste zu tun.

Sie bilden sich in all diesen Momenten, besser gesagt ANDAUERND ein, ein persönliches ICH zu sein, welches nur ein Bild im Bewusstsein ist. »Ich« können Sie also nur verwenden, wenn Sie von Ihrem höchsten SELBST sprechen und das kann wahrlich nicht denken, nicht sprechen oder einkaufen gehen. Wenn Sie also über sich etwas zu sagen haben, dann müsste das folgendermaßen lauten: »Ich BIN reine Existenz, vollkommenes und ewiges SEIN, denn ICH BIN.«

**WIE SOLLTE SICH
DAS LEBEN ERFÜLLEN,
WENN MAN SICH NOCH NICHT EINMAL
DIE ZEIT DAFÜR GENOMMEN HAT,
HERAUSZUFINDEN,
OB MAN DAS ÜBERHAUPT SEIN KANN,
FÜR WAS MAN SICH HÄLT.**

Es ist das Erwachen aus einem langen Traum und aus tiefem Schlaf. Es ist das Aufwachen aus dem Traum, WACH ZU SEIN!

DAS ERWACHEN DES BEWUSSTSEINS

Aber Bewusstsein erwacht nicht von selbst, es ist die Folge Ihrer bewussten und inneren Entscheidung. Die Bereitschaft sich zu öffnen und nach diesem einen SEIN Ausschau zu halten, ist also NOT-WENDIG, um sich selbst zu erkennen.

Das Richten der Aufmerksamkeit ist also der Schlüssel, um sich als DAS eine Bewusstsein zu erfahren. Je eher Sie Ihre Aufmerksamkeit auf Ihr wahres SEIN richten und gerichtet halten, umso stärker werden Sie es als Ihre wahre Identität erkennen können.

Bewusstsein erwacht in der Gedankenstille und in der Bewegungslosigkeit.

Das Bewusstsein ist nicht ein Teil des Menschen, es IST dass, was den Menschen zum Leben erweckt. Alles, was zum Menschen gehört, wie Körper, Verstand und Ego, sind nur Instrumente des Körpers und der ist eine zeitlich begrenzte Erscheinung, die zwar von der höchsten Kraft gelenkt wird, sie aber selbst nicht ist. Und das, was Sie sind, ist das eine Bewusstsein, welches Dinge hervorbringt und zeigt. Sie SELBST, ihr Selbst aber, ist ein zeitloses, ewiges Energiefeld, das eine menschliche Form angenommen hat, um eine zeitlich begrenzte »Erfahrung« zu machen. Bewusstsein ist das Einzige, zu dem Sie wirklich »Ich« sagen können. Erwachen heißt, dass Tun und Sein im Ein-Klang sind.

Wach zu sein bedeutet, ein »unpersönliches Leben« – frei von Urteilen und Wertungen – zu leben und zu verinnerlichen, dass nur die Hingabe an das EINE, wahre Erfüllung bringen kann. Sobald Sie erkannt haben, dass das JEDERZEIT möglich ist, sollten Sie sich immer wieder bewusst machen, wodurch das Bewusstsein abgelenkt wird. Es geschieht, weil Sie Ihre Aufmerksamkeit nicht bewusst auf das EINE richten, sondern den Umständen gestatten, über Ihre Aufmerksamkeit zu verfügen. Sie machen von Ihrem »Schlüssel zum Bewusstsein« Gebrauch, indem Sie Ihre Aufmerksamkeit ganz bewusst auf das Wesentliche und Unvergängliche lenken und sich nicht weiterhin in unwesentlichen vergänglichen Dingen verlieren.

Spielen Sie das Spiel des Lebens in »heiterer Gelassenheit« und beobachten Sie einfach, was »geschieht«. Erkennen Sie ALLES als »gleich-gültig«, gleich wichtig und gleich richtig an, denn alles ist die Folge Ihres SEINS. Die Instanz, die Realität erzeugt, ist Bewusstsein. Auch wenn es den Anschein hat, dass Sie Ihre Entscheidungen treffen – es ist doch immer das Bewusstsein, das lenkt und der Körper kann immer nur das ausführende Organ sein, da er aus sich heraus nicht bestehen kann. Treten Sie einfach hervor und »kommen Sie an« und dann erwacht das Bewusstsein zu sich selbst, erkennt sich SELBST und tritt als Realität »in Erscheinung«.

EIN BESONDERES BEWUSSTSEINS-TRAINING

Es ist erforderlich, dass Sie Ihr Bewusstseins-Training in den Tag einbauen, um es durch ständige »Wiederholungen« zur Gewohnheit zu machen und zu installieren. Ihr Leben wird sich dann AUTOMATISCH als Spiegelbild Ihres Bewusstseins manifestieren, ohne dass Sie dafür zuvor eine bewusste Ursache gesetzt haben.

Sie schauen mit geschlossenen Augen noch oben, durch »die Schädeldecke« hindurch, und erleben die Grenzenlosigkeit Ihres Wahren SEINS. Der »Königsweg«, um in die Wahrnehmung zu kommen, ist der, dass Sie damit beginnen, IHR Bewusstsein bewusst zu erweitern. Beginnen Sie beim Körper, beim Verstand oder bei der Persönlichkeit und erweitern Sie Ihr Energiefeld in der Imagination darüber hinaus. Erweitern Sie so Ihr

Energiefeld über ALLES, was Sie sich vorstellen können, letztlich auch über Ihr Energiefeld hinaus, solange, bis Ihr Bewusstsein allumfassend ist.
Richten Sie dann in diesem allumfassenden Bewusstsein Ihre Aufmerksamkeit auf das, was Sie wahrnehmen wollen oder nehmen Sie einfach nur wahr, was gerade in Ihr Bewusstsein treten will. Bewerten Sie nichts, sondern nehmen Sie einfach nur wahr. Gehen Sie so oft wie möglich, mehrmals täglich in dieses erweiterte Bewusstsein und in die Wahrnehmung über, und wenn Sie bereit sind, werden Sie auch im Bewusstsein BLEIBEN. Lassen Sie Ihr Tun aus der Wahrnehmung und aus dem Bewusstsein heraus »geschehen«, denn dann sind Sie wirklich »zu Bewusstsein« gekommen. Sobald Sie in Ihr Wahres SEIN eintreten, entfaltet sich die natürliche Intelligenz wie von SELBST. Das Denken entfällt und wird umgehend durch die Wahrnehmung ersetzt. Es ist die reine, freie, unpersönliche Intelligenz, über die JEDER verfügt, der »erwacht« ist.

Reines Gewahrsein schließt alle Erfahrungen mit ein, ohne sich damit zu identifizieren. Es spielen also weder unser Alter, unser Geschlecht, unser Beruf, der Erfolg, die Erziehung, die gesundheitliche Lage oder die finanzielle Situation irgendeine Rolle. Und obwohl diese Dinge und Eigenschaften immer noch vorhanden sind, sind sie im wahrsten Sinne des Wortes: »gleich-gültig«. Reines Gewahrsein lässt sich nicht beirren oder gar betrüben, denn es ist die vollkommene Erfüllung und natürliche Weisheit in sich SELBST. Es ist kein »heiliger« Zustand, denn das Leben an und für sich ist bereits etwas Heiliges. Vielmehr ist es das Zurückgewinnen der Natürlichkeit, die unserem göttlichen Wesen entspricht.

Erst im reinen Gewahrsein erkennen Sie, dass Sie die ganze Zeit in der Überlagerung des verlorenen SELBST gelebt haben. Sie haben als diese Überlagerung gelitten, doch da es Ihnen nicht bewusst war, dass es sich nur um ein Bewusstseins-Bild handelte, wussten Sie es nicht besser. Und es ist ja schließlich und endlich immer nur der Erfahrungswert der Dinge, der eine jede noch so kleine oder als schlimm empfundene Erfahrung, zu etwas Wertvollem und Einzigartigem macht.

Mit der bewussten Erfüllung Ihres Bewusstseins, einer erweiterten und bewussten Energiequalität, werden sich Lebensumstände, Ereignisse und Situationen dementsprechend wandeln. Das was Sie anziehen, wird weiterhin nach dem »Gesetz der Resonanz« wirken. Sie als Bewusstsein sind der Schöpfer, wie es ein jedes einzelne Geschöpf ebenfalls ist, doch die Menschen sehen über Ihre Persönlichkeit und über Ihre Umstände nicht hinaus, und deshalb bleiben sie in diesem Schein gefangen. Mensch zu sein ist etwas Schönes, doch hinter dieser vergänglichen Fassade die Wirklichkeit zu erkennen, ist

SCHÖNHEIT in sich selbst. **Es gibt NICHTS, außer REINES SEIN.** Es existieren kein Drinnen und kein Draußen, kein Davor und kein Danach, kein Oben und kein Unten, kein Gut und kein Schlecht – nur das ewige JETZT, welches jenseits der Zeit angesiedelt ist, IST HIER. JETZT hat also nichts mit der Zeit zu tun – »eigentlich« müsste es »Nicht-Jetzt« heißen.

SOBALD BEWUSSTSEIN DEN KÖRPER ERFÜLLT, »GESCHIEHT« HEILUNG, UND ZWAR STÄNDIG.

Selbstvergessenheit ist die Mutter aller Krankheiten und wenn Sie zu Bewusstsein kommen, ist das so, als würden Sie Ihren »inneren Jungbrunnen« wieder für sich entdecken. Das ist auch schon das Geheimnis vollkommener Gesundheit, Vitalität und »Alter-losigkeit«. Um dieses Geheimnis zu lüften, brauchen Sie nur damit zu beginnen, Ihre ganze Aufmerksamkeit auf Ihr SEIN zu richten. Es ist nichts, was NICHT gelingen könnte, denn es ist Ihr natürlicher »Zustand«, den Sie lediglich VERGESSEN haben. Sie können auch nicht dorthin gelangen, weil Sie es bereits sind. So macht sich also etwas auf die Suche nach sich SELBST – wie einzigartig und spannend das Leben doch ist. **Sie brauchen sich nicht zu ändern oder anzustrengen, werden Sie INNERLICH still und richten Sie Ihre Antennen nach Ihrer Wirklichkeit aus.**

Warten Sie nicht auf Botschaften, Antworten oder Zeichen – seien SIE einfach nur HIER, ohne dabei persönlich anwesend zu sein. Sie wachen auch nicht auf, denn es ist niemand da, der aufwachen könnte. Ihre Person kann aufwachen, ja, aber das ist nicht ihre letzte Realität. Deshalb werden Sie immer wieder Widersprüche vernehmen, da es ein Unterschied ist, ob Sie die Worte mit dem Herzen oder mit dem Verstand wahrnehmen. Das wirkliche »Ich« KANN nicht aufwachen, denn es lebt diesen Traum nicht, den Ihr eingebildetes ICH lebt.

Das ICH bringt den Traum hervor, wirkt durch ihn und ist der Traum, ohne dabei wirklich der Traum zu sein.

Lassen Sie diesen Satz tief in sich einsickern und falls Sie sich dabei ertappen, ihn verstehen zu wollen – lassen Sie es einfach sein.

Und nun weiter im Text: Das scheinbare Erwachen mutiert also zum Erinnern, denn es ist die Erinnerung an sich SELBST. Solange Sie versuchen, Ihr SELBST zu verwirklichen, werden Sie es verpassen. Solange Sie versuchen, etwas zu finden, wird es Ihnen weiterhin verborgen bleiben. Das SELBST beobachtet sich beim SEIN, beim Atmen, beim Tun. Wenn Sie das so empfinden und wahrnehmen, DANN sind Sie WIRKLICH erwacht!

WIR ALLE SIND VON DER »UNVERSIEGBAREN, INNEREN QUELLE« GETRENNT, WEIL WIR NICHT MEHR IM BEWUSSTSEIN UNSERER WAHREN IDENTITÄT LEBEN.

Diese Trennung von der Wirklichkeit zeigt sich in der Illusion des Lebens als Krankheit, Missstände oder Unstimmigkeit. Doch jede Unstimmigkeit ist immer nur unsere Empfindung, die Sache selbst ist immer komplett neutral. Der Mangel an Freude, an Vitalität oder auch an Geld, basiert immer auf dem Mangel an Liebe. Doch wir verstehen unter dem Wort LIEBE lediglich Zuneigung oder Körperlichkeiten. So ist dieses Wort aber nicht gedacht, denn Liebe ist das, was du bist. Liebe bringt Gefühle hervor, weil es nur ein anderes Wort für Bewusstsein ist. **Die wirkliche Liebe ist dort, wo Gefühle nicht sind, denn Liebe ist bedingungslos und aus sich heraus bestehend – ABSOLUTES SEIN.**

Leben wir hingegen in einem Mangel, weil wir uns »nicht mehr« als LIEBE erkennen, bewegen wir uns auf einer energetischen Frequenz, die nicht unserem wahren Sein entspricht. Dadurch ziehen wir auch ständig »dem-entsprechende« Ereignisse in unser Leben.

Ich lebe ganz bewusst als »liebevolle und segensreiche Präsenz des SEINS«:

Das mag mit einem vollkommenen Handgriff beginnen: Nehmen Sie einmal mit einer vollkommenen Bewegung ein Buch zur Hand. Dann lesen Sie einen Satz darin und stellen das Buch wieder mit der gleichen fließenden Vollkommenheit ins Bücherregal zurück.

Oder Sie trinken einen Schluck Wasser. Erleben Sie einmal ganz bewusst, wie Sie in Ihrer Vollkommenheit zum Glas greifen,

einen Schluck trinken und das Glas genauso wieder zurückstellen.
Oder setzen Sie sich einmal vollkommen hin. Erleben Sie es auch beim Auto-Fahren, indem Sie es vollkommen tun. Jede Kurve hat ihre Ideallinie, auch wenn Sie vorschriftsmäßig rechts fahren. Sie hat auch ihre vollkommene Geschwindigkeit.

Sie können die »natürliche Vollkommenheit« bei, in und mit ALLEM erleben, ganz egal, was Sie gerade tun.

Beginnen Sie den Tag vollkommen, indem Sie so früh schlafen gehen, dass Sie morgens, ohne Wecker vollkommen ausgeruht aufstehen. Putzen Sie sich die Zähne vollkommen und duschen Sie dann vollkommen. Ziehen Sie sich mit vollkommenen Bewegungen an und frühstücken Sie dann vollkommen.
Schaffen Sie im Laufe des Tages viele »Inseln der Vollkommenheit«, um etwas immer wieder, absolut vollkommen zu tun, bis es für Sie ganz natürlich ist, STÄNDIG in dieser Vollkommenheit zu sein.

LEBEN ALS BEWUSSTSEIN

Ich mache mir nun einmal bewusst, WEN ich da überhaupt meine, wenn ich »Ich« sage. Meine ich vielleicht meinen Körper, meinen Verstand oder meine Persönlichkeit? Okay, ich habe einen Körper, eine Persönlichkeit und ich nutze das Denken. Das heißt dann noch nicht, dass ich das auch bin. Wer aber ist der »Besitzer« dieser Dinge? Der, der sagt, dass er der Körper ist oder der, der den Körper »verursacht«? ALLES, was ich als Person benennen kann, kann ich nicht sein. Also WAS bin ich dann? Bin ich die Rolle, die ich spiele oder meine Position? Bin ich meine Ausstrahlung oder der Eindruck, den ich mache? Kann ich das, was ich habe oder mache auch sein? Glaube ich ernsthaft, dass ich ein vergänglicher Körper oder ein vorübergehender Gedanke sein kann? Da dies alles kommt und geht, kann es nur eine Erscheinung sein. Bin ich eine Erscheinung oder nicht doch eher die Essenz dieser?

Ich mache mir einmal bewusst, was ich bis jetzt über mich erfahren kann und lasse alles los, was ich über mich weiß, was man mir gesagt hat oder was ich irgendwo gelesen habe. Was zählt ist NUR das, was ich PRAKTISCH erleben kann. Wenn ich hinspüre, erlebe ich meine Existenz, erlebe, dass es mich gibt. Ich erlebe mich als SEIN, als reine Existenz, ohne jede Eigenschaft. ICH BIN. Und ich bin mir dessen bewusst, also bin ich BEWUSSTSEIN. Ich bin bewusstes SEIN. Dann spüre ich einmal, WO ich mich erlebe. Wo ist der Mittelpunkt meines bewussten Seins? Wo ist meine Mitte? Nein, nicht um die Hüften. Ich meine nicht die körperliche Mitte, ich spreche vom Zentrum meiner Wahrhaftigkeit. Also erlebe ich einmal ganz bewusst die Mitte meines SEINS und ruhe bewusst in mir.

Dann fühle ich einmal meine Größe und spüre, wo meine Grenzen sind. *Dann* werde ich erkennen, dass da keine Grenze ist. Nun erfüllt dieses bewusste SEIN meinen ganzen Körper und dehnt sich aus. Dabei nehme ich wahr, dass dieses SEIN nirgends endet, sondern weit über die Grenzen des Körpers hinaus wahrnehmbar ist. Also lasse ich mich noch weiter werden, um zu spüren, wo meine Grenzen sind und erkenne tatsächlich, dass da keine Grenze ist, denn ich BIN grenzenlos, allumfassend und ewig. *Dann* spüre ich einmal mein Alter und erkenne, dass ich gar kein Alter habe, denn das Einzige, was da ist, ist dieses ICH BIN. **Ich war immer diese eine Wirklichkeit und werde sie immer sein.** Bewusstsein wurde weder geboren noch kann es krank oder alt werden – es IST. Bevor etwas war, war »ich« und wenn nichts mehr sein wird, werde »ich« immer noch sein.

Ich bin Alter-los und zeitlos. Ich bin ewiges SEIN. Als dieses Alter-lose und zeitlose SEIN nehme ich nun einmal ganz bewusst meinen Körper in Besitz. Ich durchdringe und erfülle jede Zelle mit meinem bewussten SEIN. Ich spüre, wie die Vollkommenheit meines SEINS alles Unheile in meinem Körper auflöst und ich immer heiler werde. Ich lasse so ganz bewusst Heilung STÄNDIG »geschehen«, sodass auch mein Körper ein vollkommener Ausdruck der Vollkommenheit meines Wahren SEINS ist. Als dieses vollkommene SEIN mache ich mir nun bewusst, weshalb ich hier bin: Welche Erfahrungen will ich hier machen? Ich gehe einmal ganz bewusst in MEIN Leben hinein, genieße und erfülle ganz bewusst JEDEN einzelnen Augenblick dieses wunderbaren Geschenks. So lebt es sich bewusst, liebevoll und segensreich und JEDER einzelne Augenblick erfüllt sich ganz von selbst, mit der segensreichen Präsenz meines SEINS.

OHNE »ICH« IST ALLES GANZ EINFACH

Eine sehr wichtige Eigenschaft unserer »Ideal-Persönlichkeit« ist die EINSICHT. Wie alles, hat auch Einsicht mehrere Ebenen. Bewusst SEIN heißt auch authentisch zu sein.

Die erste Ebene der Einsicht ist die Richtigkeit des Gesagten einzusehen, auch wenn ich anderer Meinung war. Nicht immer Recht haben zu wollen, sondern die Wahrheit in allem zu erkennen, auch in der Lüge, oder in der Täuschung.
Dann ist eben das Gegenteil die Wahrheit und die Lüge, oder Täuschung führt auch so zur Wahrheit.

Die zweite Ebene der Einsicht ist es, das EINE in ALLEM zu sehen. Die Einheit allen SEINS bedeutet auch in JEDEM Menschen, dem EINEN zu begegnen.

Die dritte Ebene der Einsicht ist es, alles ALS DER EINE zu sehen, aus der Vollkommenheit des wahren SEINS, sodass alles, was ich anschaue, mich an den höchsten Aspekt des SEINS erinnert, an ICH BIN und als ICH BIN durchs Leben zu gehen, ruhend in der ewigen Gegenwart des JETZT.

◎ ***Eine andere wichtige Eigenschaft unserer »Ideal-Persönlichkeit« ist die WUNSCHLOSIGKEIT.*** Nicht mehr, oder etwas anderes haben zu wollen, nicht woanders oder ein anderer sein zu wollen. Zu erkennen, dass ich JETZT alles habe, was ich zum vollen Ausdruck meines SOSEINS brauche. Es gilt zu erkennen, dass alles »gleich-gültig« ist, dass es anders nicht besser ist. Es ist gut, wie es ist.

◎ ***Eine andere wichtige Eigenschaft unserer »Ideal-Persönlichkeit« ist es, mich ganz und vollumfänglich auf den Augenblick einzulassen,*** in der Geistesgegenwart zu leben, ganz »DA« und ganz präsent zu sein. Erkennen wir also, dass das Leben NUR JETZT ist. Ich KANN weder vorher noch nachher leben, denn ALLES IST immer nur JETZT. Jetzt ist alles da, was notwendig ist und sein soll, sonst wäre es nicht so, wie es ist. Das Jetzt bietet alle Möglichkeiten und wenn etwas zu ändern ist, dann zeigt sich das auch wieder JETZT. Warum?

Weil nichts außerhalb des JETZT geschehen und erscheinen kann.

Eine andere und vielleicht auch die wichtigste Eigenschaft unserer »Ideal-Persönlichkeit« ist die Liebe. Nicht die Liebe zu jemandem, oder zu etwas, sondern Liebe als Bewusstseinszustand. Liebe ist JETZT und solange wir im JETZT sind, sind wir »angekommen«, denn Wahres SEIN ist Liebe und LIEBE ergibt sich aus dem JETZT.

In der Liebe braucht man nicht zu sein, denn man ist automatisch in ihr. Aus ihr fließt alles nach außen und nachdem der Mensch zur Erkenntnis gekommen ist, erkennt sie sich – durch ihn, in sich, als sich selbst. Wohlwollen für ALLES und Hilfsbereitschaft ergeben sich in der Liebe von selbst und wenn wir etwas Geduld haben und die irdische Zeit dazu aufbringen uns dieser Liebe hinzugeben, bis sie sich voll und ganz in uns entfalten kann, werden wir »den Himmel« auf Erden erfahren. Liebe hat viele Gesichter und das bedeutet auch, aus einer tiefen Selbstverständlichkeit heraus, dem anderen das zu geben, was er jetzt gerade braucht. Ein liebevolles Miteinander sollte eine unserer natürlichen Eigenschaften sein, kein MUSS oder SOLLEN. Dazu gehört natürlich auch, ein idealer Partner zu sein, ganz gleich, wie der andere ist. In JEDER Situation liebevoll zu SEIN und sich nicht mehr für sich zu wünschen, als der andere es hat. In Demut sage ich mir: Jedem das seine, nur mir ein bisschen weniger.

◎ ***Zu den Eigenschaften unserer »Ideal-Persönlichkeit« gehört vor allem die Weisheit.*** In JEDEM Menschen gibt es eine Instanz, die alles weiß – eine Instanz, die für jedes Problem die Lösung parat hat. Diese Ebene kennt jede Aufgabe und alle Antworten auf alle Fragen und das Gute daran ist: Sie ist immer bereit uns zu antworten, wenn wir sie nur »richtig« fragen. Wir sollten die Antwort nicht im Verstand suchen, sondern sie in unserem Gefühl erspüren. Über unsere Gefühle ERHALTEN wir ständig ein Feedback, sobald wir uns schöpfungsgerecht verhalten und die Antworten sind IMMER schon vor der Fragestellung vorhanden, sowie die LÖSUNG bereits VOR dem Problem verfügbar ist. Weisheit kennt keine Alternative und keinen Kompromiss, so wie die Wahrheit, die ebenfalls eine selbstverständliche Eigenschaft unserer »Ideal-Persönlichkeit« ist. Aber beide entspringen der Liebe, um ALLES, was mit uns lebt, nicht zu verletzen und nicht zu richten. Vielmehr ist es ein Aufrichten und eine NEU-Ausrichtung, nach dem Motto: »Alles, was wir sagen, sollte wahr sein, aber nicht alles, was wahr ist, sollten wir sagen!«

◎ ***Auch die WAHRNEHMUNG ist eine natürliche Eigenschaft unserer »Ideal-Persönlichkeit«.*** Das Erkennen der »Wirklichkeit HINTER dem Schein«: Zu erkennen, ob jemand die Wahrheit sagt, ob er nur glaubt, die Wahrheit zu sagen, oder ob er genau weiß, dass das, was er sagt falsch ist und auch erkennen zu können, warum er in seiner Aussage irrt. Das gilt vor allem für die richtige Entscheidung, denn das Leben stellt uns STÄNDIG vor Entscheidungen und die Wahrnehmung hilft uns, die richtige Entscheidung zu »treffen«.

Das betrifft auch die Partnerwahl oder die Berufswahl, sodass man VORHER erkennen kann, ob es die richtige Wahl ist, aber auch, welche Aufgaben damit verbunden sind und wie man sie optimal löst.

◎ ***Eine natürliche Eigenschaft unserer »Ideal-Persönlichkeit« ist die MÜHELOSIGKEIT*** in der »Leichtigkeit des SEINS« zu leben. Wann immer wir etwas als anstrengend empfinden, zeigt das nur, dass es anders leichter gehen würde. So kommen wir vom »Werken« ins WIRKEN. Jede Anstrengung zeigt, dass Tun und SEIN nicht übereinstimmen und dass ich nicht im Einklang bin. Zur Mühelosigkeit gehört unverzichtbar die FREUDE und dabei dürfen wir die DANKBARKEIT nicht vergessen – dankbar zu sein, für das wunderbare »Geschenk zu leben«, für das Privileg der schöpferischen

Kraft, die in uns weilt und mit derer Hilfe wir alles »in Erscheinung« rufen können, was wir zum vollen Ausdruck unseres Daseins brauchen. Kurz gesagt – wie wir in der natürlichen Fülle leben.

◎ ***Eine weitere Eigenschaft unserer »Ideal-Persönlichkeit«, die wir nicht vergessen sollten, ist die BEHARRLICHKEIT.*** Diese führt dazu, dass wir ALLES, was wir beginnen, auch erfolgreich beenden, dabei bleiben und es ausreifen lassen, ohne uns davon abbringen zu lassen.

Immer, wenn wir uns an unsere »Ideal-Persönlichkeit« erinnern, kommt Freude auf und wir spüren, dass sich unser Wahres SEIN zeigt. In dem Maße wie wir uns dem nähern, verschwindet das Leiden aus unserem Leben, weil niemand mehr da ist, der leiden könnte. Wir distanzieren uns vom Leidenden und nehmen eine beobachtende Stellung ein. Was auch immer im Leben geschieht – und es wird ständig ein Auf und Ab geben hier auf Erden – hat seine Berechtigung. Wir kämpfen und hadern nicht mehr und wollen nichts mehr ändern, wir sind DANKBAR für das, was ist. Und es muss nicht erst als schlecht oder gut empfunden oder abgestempelt werden – frei von Wertungen ist es so, wie es ist! Durch diese Sichtweise wird sich eine große Erleichterung einstellen und wir werden von einer unbändigen Freude erfüllt. Das Leben bekommt eine ganz neue Qualität, eine andere Dimension, so wie es von der Schöpfung »gemeint« ist und wir fragen uns, wie wir nur so lange unerkannt bleiben konnten. **Das Leben ist einfach, wenn es aus der Einheit geschieht.**

WIE MAN STÄNDIG »STIMMIG« LEBT

- Bewusst eine »stimmige« Haltung einnehmen.
- Stimmig sitzen, bis es wirklich stimmt.
- Nach innen spüren und korrigieren, bis es nicht besser geht. *Wahrnehmen:* Es ist wie die »Ideal-Linie« beim Auto-Fahren vorhanden und wartet nur darauf, dass ich damit »übereinstimme«. *Armhaltung:* Gefühl für Stimmigsein entwickeln.

- Das Gleiche mit der geistigen Haltung machen.
- Mich vom »Fluss des Lebens« tragen lassen.
- Bewusst die Veränderung des »Stimmig-Seins« fühlen, denn in JEDEM Augenblick stimmt es anders.
- Sobald ich »stimmig« bin, bin ich ICH SELBST.

- Zum Stimmigsein gehört die STÄNDIGE Achtsamkeit, denn Achtsamkeit und Stimmigsein ist: »ICH SELBST sein.«
- Sobald ich mein Bewusstsein auf mein Stimmigsein richte, ist es nur noch ein Schritt – STIMMIG zu sein.
- Falle ich aus der Achtsamkeit, bin ich im persönlichen »Ich«, der Trennung, gefangen.

- In der Achtsamkeit das Stimmigsein bei ALLEM erleben.
- Ich lasse einmal meinen Atem »stimmig« werden.
- Ich erlebe bewusst, dass nicht »ich«, als mein Körper, atme, sondern: »ES« atmet mich!
- Ich lasse meinen Atem bewusst »geschehen«, ohne dabei einzugreifen.

- Ich schreibe achtsam und stimmig.
- Ich lasse mein Schreiben »stimmig« geschehen.
- Ich nehme schon meinen Stift stimmig in die Hand.
- Es ist immer »DA« und es wartet nur darauf, dass ich damit übereinstimme.

- Ich mache mir einmal eine Entscheidung bewusst, die zu »treffen« ist.
- Ich erkenne ohne nachzudenken, welche Entscheidung »stimmt«.
- Ich prüfe eine alternative Entscheidung und fühle, dass sie nicht stimmt.
- Ich gehe noch einmal in die richtige Entscheidung und fühle das »Stimmig-Sein«.
- Ich verweile in dieser Empfindung und werde mit ihr EINS.

- Ich gehe in vollkommener Achtsamkeit in ein stimmiges Bewusstsein.
- Sobald ich ganz in der Achtsamkeit bin, IST mein Bewusstsein stimmig.
- Ich nehme dieses Bewusstsein mit in meinen Alltag.
- Ich achte darauf, dass ich ALLES in einem stimmigen Bewusstsein tue.

- In vollkommener Achtsamkeit und in einem stimmigen Bewusstsein »erlebe« ich in der Imagination, wie ich meine Aufgaben erfülle.

- Ich gebe damit meinem Unterbewusstsein einen Auftrag in seiner »Sprache« der Bilder und »verankere« den Auftrag durch die »Macht der Wiederholung«.

- Immer wieder gehe ich ganz bewusst, achtsam und liebevoll in eine bestimmte Handlung, und erfülle sie vollkommen.
- Ich putze mir »stimmig« die Zähne, Frühstücke »stimmig«, gehe achtsam, bewusst und »stimmig« durch meinen Tag.

- Ich lebe ganz bewusst als »liebevolle und segensreiche Präsenz des SEINS«.
- Ich erkenne mich als ungetrennten Teil des EINEN SEINS.
- Und wohin ich auch komme, wird die Welt durch die Präsenz des SEINS, das ICH BIN, lichter und liebevoller sein.
- Ich bin ein Segen für JEDEN, der mir begegnet, oder in mein Bewusstsein tritt.

LEBEN ALS BEOBACHTER

Der »Eintritt« in dieses neue Leben ist einfach. Er beginnt damit, sich bei ALLEM zu beobachten, also STÄNDIG bewusst zu handeln. Es gilt, jede Handlung neu zu entscheiden und damit keiner Gewohnheit und keinem Programm mehr zu folgen. Später werden nicht nur die eigenen Handlungen beobachtet, sondern auch die Gedanken und Gefühle, das heißt: Sich beim Leben zuzuschauen. Damit erschaffen wir ein »Meisterbewusstsein«, das seinem eigenen Maßstab frei folgt, den es wiederum frei wählt. Unser erwachter Geist hat sich damit aus allen Programmen gelöst: Wir sind unser eigener »Erlöser« geworden. Von da an folgen wir dem eigenen »Programm«. Hier erleben wir, was wahre Freiheit bedeutet, wie wir von der Schöpfung »gemeint« sind. Es ist das bewusste Eintreten in die »Urenergie der Schöpfung«. Unser »Passwort« für das Eintreten, oder besser gesagt für das Zurückfinden in diesem »Urzustand« des »SEINS«, ist die »LIEBE«. Die Liebe, die aus sich selbst heraus wirkt, ohne dabei erzeugt zu werden. Wahre Liebe ist kein Gefühl, sie ist das, was wir sind.

Um zu uns SELBST zu erwachen, brauchen wir keinen Meister und keine Voraussetzungen. Wir müssen uns nicht verstellen, nichts erreichen und auch nirgendwohin. Es ist HIER und JETZT möglich, indem wir einfach damit anfangen, ES zu sein. Unser wahrer Meister ist unser SELBST. Das »Tor zum SELBST« geht nach innen auf und ist jenseits der Dinge, die wir sehen. Entdecken wir also die »Vollkommenheit des SEINS«. Der viel größere Teil des Universums liegt IN uns.

Leben ALS Bewusstsein ist das einzig Wesentliche im Leben, denn alles andere vergeht, wie es auch der Körper tut. Zu leben als »ICH BIN« bedeutet, im Gewahrsein des SEINS zu verweilen, denn es ist das Einzige, was IST.

Es ist ein lebenslanger Prozess, sich des wahren Ursprungs bewusst zu werden. Auch auf eine Meisterprüfung werde ich vorbereitet und bereite ich mich vor. Ich bin nicht irgendwann erleuchtet und dann habe ich frei. Sobald ich mich wieder von mir entferne, entstehen Situationen im Leben, die als Botschaft eintreten, um mich daran zu erinnern, dass ich mich wieder auf Irrwegen befinde. **Das Ziel des Lebens ist im Prinzip kein Prinzip, sondern ein natürlicher Vorgang, der sich ergeben wird, wenn wir die nötige Reife erlangt haben und uns als ICH BIN erkennen.**

In jedem Augenblick kann diese Entdeckung geschehen. Dies zu »erreichen« ist weder leicht noch schwer, weil es in Wahrheit nichts zu erreichen gibt. Das, was Sie erreichen wollen, sind Sie bereits und das erkennen Sie dann, wenn Sie die Welt der Täuschungen durchleuchtet und die Entdeckung des Ursprungs verinnerlicht haben. **Das Bewusstsein ist der Künstler und Ihr Leben ist das Kunstwerk.** Sie sind immer nur Beobachter und Teilnehmer dieses Spiels, doch niemals können Sie das Spiel selbst, oder ein Teil der materiellen Struktur dieses Spiels sein. Verstehen hilft hier nicht.

Wissen auch nicht. Diese Wahrheit zu leben und sie umzusetzen, führt in die befreiende Sicht. Deshalb hören Sie JETZT damit auf, etwas wissen zu wollen, erreichen oder verändern zu wollen. Beenden Sie die Suche JETZT und alles andere wird sich ergeben.

Dietmar Schenk

Wer jünger bleibt, kann älter werden

Synergaging – so macht der Kopf den Körper fit!

Rauben dir chronischer Stress und Übe
lastung Tag für Tag mehr Lebenskraft
Fühlst du dich erschöpft, ausgebranr
und vorzeitig gealtert?
Abhilfe schaffen sollen Kuren und Piller
die jedoch meist versagen, da sie aufge
brauchte Lebenskraft nicht wieder au
füllen können. Doch genau darum geh
es: wieder mehr Dynamik zu spüren un
die innere Balance wiederaufzubauer
Echtes Better-Aging zu betreiben.
Das Synergaging-Programm führt dic
zu einem wahren Jungbrunnen, zur
Quell der Lebenskraft und damit zu ke
niger Gesundheit bis ins hohe Alter, da
mit du zu jeder Zeit gesund, vital un
selbstbestimmt leben kannst.

240 Seiten, durchg. farbig, broschiert
ISBN 978-3-89845-649-4 · € [D] 20,00

ACHER WEG. »WUSSTSEIN« OMMEN

tems bewusst. Halten Sie Ihre en Atem gerichtet. Verändern , sondern beobachten, fühlen Besondere am Atem ist, dass die irdische Verbindung zum m führt unmittelbar ins JETZT. er noch nachher atmen, denn mer nur JETZT.

n Körper gelangt man in das e also Ihrem Atem und werden nenergie, des verborgenen Ur- Wahren SEIN, bewusst. Erfüllen ateriellen Körpers mit dem Be-

Damit es nicht als eine Vorstellung im Verstand haften bleibt, müssen Sie es FÜHLEN. Nur über das Gefühl berührt es das Herz und nur das Herz stellt dann die Verbindung in die tatsächliche Tiefe her. Zuerst ist da der VERSTAND, dann geht es ins GEFÜHL. Dieser Schritt ist für viele Menschen schon nicht selbstverständlich, denn viele Menschen haben es verlernt, die Dinge mit ihrem Herzen zu erfassen. **Ist der Mensch im Herzen angelangt und hat sich für seine Emotionen wieder geöffnet, kann der eigentliche Part der Bewusstwerdung beginnen.** Das Leben kann man spüren und alles, was damit verhaftet ist auch – doch das SEIN SPÜRT man nicht. Man gelangt über das Spüren in das SEIN und dort sind alle irdischen Belange – wie zum Beispiel Sinne – abwesend.

Wie bewusst kann ich essen und trinken? Erleben Sie den Segen der Nahrung und beginnen Sie damit, ALLES, was Sie essen und trinken zu segnen, bevor Sie es zu sich nehmen. **Mit diesem Segen verändern Sie die energetische Struktur Ihrer Nahrung, sodass sie Ihnen zum Segen wird.**

Dann beginnen Sie damit, bewusst die Energie Ihrer Nahrung zu essen. Richten Sie beim Essen Ihr Bewusstsein also auf die Energiequalität Ihrer Nahrung. Sie können zum Beispiel nur die Energie einer Nahrung

»essen« ohne dabei die Nahrung zu essen (besonders leicht beim Obst).

Sie können sogar die Energie einer Nahrung zu sich nehmen, die Sie sich einfach nur vorstellen. Dann beginnen Sie damit, beim Essen diese Energiequalität zu verankern. Das geschieht durch Imagination. Sie stellen sich vor, wie Sie »die Energiequalität der Nahrung beliebig verändern können«, denn Nahrung IST Energie und jede Nahrung hat eine bestimmte Schwingung, die ich durch Bewusstseins-Energie verändern kann. So bestimme ich ab jetzt bewusst, nur die Schwingung meiner Nahrung zu mir zu nehmen. So kann ich mich viel gesünder ernähren, wenn ich den Mahlzeiten sehr bewusst begegne.

DER »UNIVERSAL-HEILUNGSPUNKT«

Über sich hinauswachsen und aus dieser Quelle heraus wirken und leben:

- Unsere natürliche Größe als Energiefeld nicht nur in der Vorstellung/Imagination erkennen.
- Die eigene Mitte ÜBER dem Kopf »er-leben«.
- Das Bewusstsein erheben und auf seine natürliche Größe erweitern.
- Von DORT AUS die »natürliche Vollkommenheit unseres Wahren Seins« fühlen und DANKBAR er-leben.
- Mit JEDEM Atemzug seinen Körper, jede Zelle und jedes Organ ALS dieses vollkommen gesunde SEIN erfahren.

Erkennen wir also:

Mein Körper und mein ganzes Leben sind ein vollkommener Ausdruck der Vollkommenheit des Wahren SEINS. Das Bewusstsein STÄNDIG auf vollkommene Gesundheit richten. ICH war noch nie krank, denn ich kann gar nicht krank werden. Mein Körper hat mir lediglich Hinweise gegeben, er hat reagiert, um mir beiseitezustehen. Eine Körperreaktion ist also immer ein natürlicher Vorgang und ein Geschenk. Ich sollte also nicht gleich die Symptome bekämpfen und mich als krank bezeichnen. Ich unterstütze den Körper in diesem Prozess, indem ich ihn das tun lasse, was notwendig ist. Ich BIN Bewusstsein.

Die Schritte:

Erster Schritt: Über sich hinauswachsen und aus der Mitte heraus »über dem Kopf« leben.

Zweiter Schritt: Den Körper als Energiefeld wahrnehmen und ihn somit »überschreiten« – über ihn hinausgehen und sich als dieses EINE Feld WAHRNEHMEN.

Dritter Schritt: Seinen Körper bewusst als Bewusstsein »in Besitz« nehmen.

Vierter Schritt: Ständig Heilung geschehen lassen – mit jedem Atemzug HEIL sein.

Fünfter Schritt: Dankbar, vollkommen und frei sein – frei von jeglichen materiellen Strukturen, sich der »Alter-losigkeit« erinnern.

BEWUSST-SEIN ERLEBEN

Fassen wir kurz zusammen:

- Ich trete ganz bewusst durch das »TOR des Augenblicks« in die Wirklichkeit meines Wahren SEINS.
- Ich bin ganz »präsent«, ganz »DA« und lebe bewusst in der »Geistesgegenwart«.
- Ich erlebe einmal bewusst meine »Existenz« und fühle, dass es mich gibt.
- Ich lebe ganz bewusst »Alter-los«.
- Ich erkenne: Bewusstsein KANN nicht krank werden.
- Ich BIN immer vollkommen gesund. Mein Körper schickt mir manchmal eine Botschaft, ich aber BIN immer vollkommen gesund.
- Ich lebe bewusst als »Beobachter«.

- Ich erkenne STÄNDIG die »Wirklichkeit hinter dem Schein«.
- Als liebevolle Präsenz des SEINS schaue ich mir beim Leben zu.
- Ich rücke so meinem SELBST näher, um schon bald wieder ganz der zu sein, der ich in WIRKLICHKEIT bin.
- Ich bin mir meiner wahren Form bewusst, die unvergänglich und ewig ist.
- Ich lebe bewusst als »liebevolle Präsenz des SEINS« und bin ein Segen für JEDEN, der mir begegnet.
- Ich BIN die liebevolle Präsenz des SEINS.
- Mein Körper und mein ganzes Leben sind ein vollkommener Ausdruck der Vollkommenheit des SEINS.
- Als liebevolle Präsenz des SEINS segne ich ALLES.
- Ich liebe und segne aus tiefer DANKBARKEIT heraus, ohne dabei Erwartungen zu stellen.
- Ich segne das wunderbare »Geschenk«, leben zu dürfen.
- Ich lebe ganz bewusst, und voller Freude und nutze dankbar und liebevoll die segensreichen Möglichkeiten, die sich in meinem Leben ergeben.

- Ich richte meine Aufmerksamkeit ganz bewusst auf die Chancen und Möglichkeiten, die mir das Leben bietet.
- Sobald ich eine Aufgabe erkannt habe, richte ich meine Aufmerksamkeit auf die Lösung.
- Immer wieder richte ich meine Aufmerksamkeit auf mein Wahres SEIN, auf DAS, das ich WIRKLICH bin und lebe bewusst als ich SELBST.
- Ich erlebe bewusst meine natürliche Vollkommenheit – das mag mit einem »vollkommenen Handgriff« beginnen.
- Mit einer vollkommenen Bewegung nehme ich ein Glas Wasser in die Hand und trinke jeden einzelnen Schluck, gesegnet und bewusst.
- Ich setze mich einmal bewusst und vollkommen hin.
- Ich lasse meinen Atem vollkommen bewusst »geschehen«.
- Ich führe vollkommen bewusst ein Gespräch.
- Ich mache mir einmal eine Entscheidung bewusst, die gerade zu »treffen« ist und erkenne, was »stimmt«.
- Ich erlebe meine natürliche Vollkommenheit beim Auto-Fahren – bei ALLEM, was ich gerade tue.

IHR LEBEN BEGINNT, WENN SIE ZU SICH SELBST ERWACHEN

Sobald Sie Ihre Aufmerksamkeit auf Ihr Wahres SEIN richten, beginnt Ihr Bewusstsein zu erwachen, oder besser gesagt, Sie werden sich Ihres SELBST, Ihrer SELBST, bewusst, denn Bewusstsein ist immer wach und präsent. Mit dem Erwachen des Bewusstseins, rückt das Denken ganz automatisch in den Hintergrund. Das heißt nicht, dass Sie überhaupt nicht mehr denken werden, aber Sie haben das Denken durchschaut und als das erkannt, was es ist. Nun wissen Sie, dass sie nicht Ihre Gedanken sind und obwohl Sie welche haben, identifizieren Sie sich nicht mehr mit diesen. Das heißt, Sie können Abstand zu der Täuschung »Körper, Ego, Denken« nehmen und sich mehr und mehr aus einem Abstand heraus beobachten. Diese gesunde Distanz ermöglicht es Ihnen, sich immer weniger in die Dinge, die im Leben so geschehen, zu verwickeln. So werden Reaktionen geändert oder ausbleiben – es kehrt Harmonie zurück. **Der Traum des eingebildeten Lebens ist zu Ende, weil Sie das Leben aus Ihrer wahren Identität heraus bewusst und klar erleben werden.** Sie werden sich im JETZT aufhalten und in die Gegenwart des ICH BIN eintauchen, um dem »Fluss des SEINS« zu folgen und nicht mehr gegen den Strom des Lebens zu schwimmen.

Dazu brauchen Sie keine vorgeschriebenen Zeiten der Meditation einzuhalten, sondern erleben das ganze Leben als Meditation. Das Leben wird immer das Leben bleiben und es wird sich auch nicht ändern, oder nur noch harmonisch ablaufen. Ihr Bewusstseinszustand entscheidet darüber, wie Sie damit umgehen werden und aus welcher Frequenz heraus Sie die Dinge betrachten.

Die Dinge bleiben diese Erscheinungen, was geändert werden kann ist die Art der Wahrnehmung selbst. Doch die Dinge sind ja auch nicht die Dinge für die wir sie halten. Alle unwesentlichen Dinge werden weichen und Ihre Aufmerksamkeit wird sich im Wesentlichen wiederfinden.

ES GEHT ALSO NICHT DARUM, DIE GEGEBENHEITEN ZU VERÄNDERN, SONDERN ZU ERKENNEN, WAS SIE WIRKLICH SIND.

Sie können Ihr wahres Wesen in jeder Alltagssituation erkennen. Wann oder wo auch immer das sein mag, spielt keine Rolle – die Persönlichkeit tritt in den Hintergrund und das reine Sein ENT-deckt sich SELBST. Erwachen bedeutet also zur »Ein-Sicht« zu kommen und so zu leben, wie es von der Schöpfung »gemeint« ist. Das ganze Universum ist Bewusstsein und Sie leben von nun an in diesem Bewusstsein, als dieses Bewusstsein und durch dieses Bewusstsein in der »Geistesgegenwart«. Ihr ganzes SEIN ist liebevoll und segensreich und wohin Sie auch kommen, wird die Welt lichter und liebevoller sein. **SEIN ist Gedankenstille und ständiges GEWAHR SEIN dessen, was ist, jenseits des menschlichen Schleiers.** Der laute Verstand ist an der Oberfläche beheimatet. In den Tiefen des SEINS ist er abwesend. Unsere Wahrnehmung zeigt uns, dass der Beobachter eigenschaftslos ist. Auch die Persönlichkeit mit ihrer Vielfalt ist an der Oberfläche zuhause. **Erst wenn wir**

uns jenseits der Geschäftigkeit des Denkapparates ERLEBEN, kehrt Friede ein.

Jetzt fragen Sie sich vielleicht, ob Sie dann gar nicht mehr denken werden? Natürlich werden Gedanken da sein, aber wie schon gesagt, Sie müssen die Gedanken nicht verscheuchen, sondern durchschauen.

ERST WENN SIE WISSEN, WAS GEDANKEN, WAS GEFÜHLE UND WAS SIE WIRKLICH SIND, WIRD SICH EINE VERÄNDERTE WAHRNEHMUNG EINSTELLEN KÖNNEN.

Ein Apfelkern muss »wissen«, dass er ein Apfel ist, um zu einem Apfel heranwachsen zu können. Diese Information ist im Universum vorhanden und der Kern ist das Werkzeug dafür, um diese Informationen abrufen zu können. Also ist die Information auch im Kern enthalten, die sich GANZ von SELBST entfaltet, wie sich auch Ihr Selbst GANZ von SELBST entfalten wird. Es geht nur sehr lange, weil der Mensch dagegensteuert, ohne es zu bemerken. Doch sind alle Erfahrungen notwendig, um zu Bewusstsein zu kommen. Es bedarf der Reife und die braucht im Irdischen das, was wir Zeit nennen. Wie gut, dass der Apfel kein Gehirn hat. Wer weiß, was dann herauskommen würde, oder ob es jemals überhaupt zu dieser wunderbaren Frucht kommen würde.

Der unverzichtbare Schritt des BEOBACHTENS wird sich ebenfalls einstellen, wenn die nötige Reife vorhanden ist. Auf diese Reife haben wir keinerlei Einfluss, deshalb sollten wir ALLES, was uns das Leben schenkt, VON GANZEM HERZEN begrüßen. Beobachten kann man nicht üben, das Beobachten wird sich ergeben. **Richten Sie Ihre Aufmerksamkeit immer wieder über den Körper hinaus, durchschauen Sie die »scheinbaren Gegebenheiten« und überprüfen Sie sie auf ihre Echtheit.**

Der »Sinn« der Evolution besteht nicht darin, sich Wissen anzueignen, um intelligenter und disziplinierter zu werden. Nein, es geht vielmehr darum, sich als vollkommenes Bewusstsein zu erfahren und hinter die Kulissen des Mensch-Seins zu blicken.

DIE »KUNST DES MANIFESTIERENS«

In der klassischen Physik hat das menschliche Bewusstsein lediglich eine passive Beobachterrolle. Mit der Quantenphysik ist dieses Weltbild jedoch nicht mehr haltbar und wir erkennen, der Beobachter verändert sowohl das Beobachtete als auch sich selbst. **Das Beobachtete verändert sich entsprechend der Erwartung des Beobachters, ganz gleich ob die bewusst, oder unbewusst ist und der Beobachter verändert sich entsprechend der Qualität des Beobachteten.** Was wir uns im Fernsehen anschauen, was wir lesen, worüber wir sprechen und was wir denken – ALLES verändert uns entsprechend.

Ein erster Schritt könnte sein, uns beim Fernsehen, beim Lesen, beim Reden, oder sogar beim Denken zu beobachten. Uns auch einmal bewusst zu machen,

WER da WEN beobachtet. Dann erkennen wir, dass unser Bewusstsein aus einer Vielzahl möglicher Realitäten im »Möglichkeitsraum des Universums« eine bestimmte Variante auswählt und zu UNSERER erlebten Realität macht. Unser Bewusstsein ist der Filter, der aus der Fülle der Möglichkeiten, die IHM ENTSPRECHENDEN Möglichkeiten »in Erscheinung« ruft. So entsteht eine Realität, die unserem Bewusstsein entspricht und die wir dann »unser Leben« nennen. **Wir sind der Schöpfer unserer eigenen Wirklichkeit.**

Die scheinbar feste Materie besteht fast nur aus leerem Raum, mit einer unsichtbaren Energie erfüllt, die dem »Nichts« seine Form gibt. Materie ist daher mehr ein energetischer Zustand, als eine Substanz. Auch das Kausalitätsprinzip, mit seiner Gesetzmäßigkeit von Ursache und Wirkung, ist ein Produkt unseres Bewusstseins, das durch eine geeignete Auswahl der Ereignisse dafür sorgt, dass auf eine Ursache auch eine entsprechende Wirkung folgt. Die sogenannten »Naturgesetze« beschreiben keine äußere, von uns unabhängige Welt, die es zu erforschen und zu verstehen gilt, sondern die Funktionsweise unseres eigenen Bewusstseins, das dem Möglichkeitsraum des Universums eine ihm entsprechende Struktur gibt. Der alles entscheidende Faktor ist der Grad unseres Bewusstseins.

Unser aktueller Bewusstseinsgrad bestimmt die Ereignisse unserer erlebten Realität. Das Bewusstsein schafft sich im Außen die Bestätigung seiner eigenen Gesetzmäßigkeit.

Damit wird verständlich, warum sich das Leben bei manchen Menschen erfüllt zeigt und bei anderen ein ewiges Chaos herrscht. Einem JEDEN geschieht nach seinem Bewusstsein. Das heißt, auch Sie verursachen Ihre Lebensumstände stets aufs Neue, sonst gäbe es gar keine erlebbare Realität. Der »kosmische Bestellservice« funktioniert also immer zuverlässig, wie jede andere Überzeugung. Es ist ganz gleich, ob Sie etwas unbewusst oder bewusst ins Leben rufen, die Gesetzmäßigkeiten wirken immer. In JEDEM Augenblick unseres Lebens senden wir eine »Bestellung« aus, die unsere erlebte Realität bestimmt. Das Hauptinstrument bei der Gestaltung unserer Realität ist das Richten unserer Aufmerksamkeit, denn das bestimmt unsere Realität.

Auch unser Glaube hat nur deshalb eine so große Wirkung, weil er unsere Aufmerksamkeit auf das lenkt, was wir glauben. **Zweifel lenken unsere Aufmerksamkeit auf ein mögliches Versagen und verursachen damit den befürchteten Misserfolg.** Deshalb werden

»kleine« Wünsche meist unmittelbar erfüllt, weil wir dabei unsere Aufmerksamkeit nicht durch Zweifel ablenken lassen.

DAS BEWUSSTE RICHTEN UNSERER AUFMERKSAMKEIT IST DER ANFANG ALLER WUNDER!

Etwas »Ungewöhnliches« kann in meinem Leben erst dann »geschehen«, wenn ich es aus dem kosmischen Möglichkeitsraum in meinen »individuellen Möglichkeitsraum« übernehme, einfacher ausgedrückt: Sobald ich es für möglich halte, wird es sich zeigen. Dazu gehört auch die Tatsache, dass wir ALLE STÄNDIG in einem »Hypernet« miteinander verbunden sind, sodass JEDE Information, vergangen, gegenwärtig oder zukünftig, sobald ich sie »anwähle«, abrufbar ist. Das geht aber NUR, wenn sie bereits in meinem »individuellen Möglichkeitsraum« enthalten ist. Solange ich nur ein Mittelwellenradio habe, KANN ich UKW nicht empfangen, obwohl das Programm natürlich ebenso vorhanden ist. Erst wenn ich meine Empfangsmöglichkeiten erweitere, stehen mir diese Programme genauso zur Verfügung.

Dann kann JEDE Information »angewählt« werden und das Ergebnis wird Allwissenheit sein.

Mitunter ist es einfacher, das auf dem Umweg über ein anderes Bewusstsein zu erreichen, weil wir uns leichter auf ein anderes Bewusstsein »einstellen« können, als auf eine abstrakte Situation. Es entsteht also vorübergehend ein gemeinsames Bewusstseinsfeld mit einer Hyperkommunikation. Wie umfassend diese Hyperkommunikation ist, bestimmt die Filterfunktion des Empfängerbewusstseins. Sie kann auf EINEN Aspekt reduziert, oder auch umfassend sein. Es ist eine Art »Konferenzschaltung«, bei der ALLE Beteiligten ALLES wahrnehmen. Diese Schaltung kann auch PERMANENT bestehen bleiben. Dann erfolgt die selektive, oder umfassende Wahrnehmung STÄNDIG.

Es gibt also einen DIREKTEN Zusammenhang zwischen unserem derzeitigen Bewusstseinszustand und den Ereignissen unserer Realität.

Es ist so, wie wir uns bei Bedarf mit unserem Computer mit dem Internet verbinden und dadurch Zugriff auf eine gigantische Menge an Informationen haben. So können wir unser individuelles Bewusstsein mit dem »Hypernet« verbinden und in diesem »Online-Zustand« gezielt, oder versehentlich Informationen empfangen, die im normalen »Offline-Bewusstsein« nicht erreichbar sind. Unbewusst sind wir STÄNDIG »online«, aber die Informationen werden durch diese UNBEWUSSTHEIT nicht bewusst und sind scheinbar nicht existent. Tatsächlich sind wir EIN BEWUSSTSEIN, das nur zeitweise in eine separate Betrachtungsweise gegangen ist, damit eine Vielzahl unterschiedlicher Erfahrungen möglich wird.

Sie ERLEBEN jede Nacht in Ihren Träumen eine anderen Bewusstseinsebene. In der Traumwelt sind Sie sich einer Person voll bewusst und handlungsfähig, obwohl die Ereignisse nur auf der Traumebene geschehen. Sie können sich jedoch auch bewusst werden, dass Sie gerade träumen und dann gewissermaßen auf zwei Bewusstseinsebenen gleichzeitig leben. Durch geistiges Erwachen werden Sie sich einer weiteren Daseinsebene bewusst, die die beiden anderen Ebenen überschreitet. Dann erkennen Sie, dass die »Illusion des Ich« diese Ebene bisher wie eine »Firewall« ausgeblendet hat, damit die Illusion, einer separaten Erfahrungseinheit, »gewahrt« bleibt, bis das Bewusstsein für tiefere Erfahrungen bereit ist.

Wir alle sind Teil eines kollektiven Bewusstseins, das eine kollektive Realität erschafft, worin wir unsere individuelle Erfahrung widerspruchsfrei erschaffen.

Darin hat der »Zufall« genau so viel Macht, wie wir ihm durch unsere Überzeugung zugestehen. Mit anderen Worten: Mit dem Grad unseres Bewusstseins bestimmen wir unsere Realität und wir verändern unser Bewusstsein, indem wir unsere Aufmerksamkeit darauf richten und gerichtet HALTEN.

Wie Sie Ihre »energetische Signatur« optimieren ...

... um das zu erreichen, was immer Sie wollen:

Wenn ich etwas haben oder erreichen will, sollte ich mir bewusst machen, welche Frequenz der »erwünschte Endzustand« hat. Das geschieht, indem ich mir vorstelle, dass ich es bereits erreicht habe, dass ich am Ziel bin und dass es bereits geschehen ist. Ich spüre ganz klar in mir, wie es sich anfühlt – das bereits Erfüllte und Geschehene.

Dann fühle ich, ob es sich für mich natürlich anfühlt, ob es zu mir gehört, ob ich mich dessen auch wirklich wert fühle, das heißt, ob meine »energetische Signatur« damit im Ein-Klang ist.

Indem ich mich so mit einer bestimmten Energiequalität erfülle und mir dieser BEWUSST WERDE, verändere ich damit meine »energetische Signatur«, meinen »Dauerauftrag an das Leben« und damit auch meine Lebensumstände und mein Schicksal. Nicht mehr das Außen mit seinen Ereignissen bestimmt über meine Gefühle, sondern ich SELBST bestimme die Energie bewusst, die mich erfüllen soll. Das so veränderte Innen bestimmt die äußeren Ereignisse. Das Außen ist nur noch der Spiegel meiner Innenwelt. Die erwünschte Veränderung wird im Innen energetisch vollzogen und verwirklicht sich SOFORT. Dadurch wird das Außen nur noch zur »Auftragsbestätigung« der inneren Wirklichkeit. Wenn ich mich auf die Frequenz der Erfüllung eingestellt habe, sollte ich auch bis zur Erfüllung »darin« bleiben, sonst bin ich bei der Lieferung wieder auf einer anderen Frequenz und es würde an den Absender zurückgehen, weil ich nicht mehr »DA« bin.

Das gilt auch für den »WOHLSTAND« auf allen Ebenen. Wenn Sie überzeugt sind, dass man sich anstrengen muss, um etwas zu erreichen, zu Geld zu kommen oder im WOHLSTAND zu sein, werden Sie es genau so erleben. Wenn Sie aber davon überzeugt sind, dass das Leben ständig eine Chance bietet, werden Sie diese erkennen und erleben, dass Sie mehr Möglichkeiten haben, als Sie nutzen können. Irgendwann entdecken Sie, dass Sie genau das anziehen, worauf Sie vorwiegend Ihr Bewusstsein richten und dann kennen Sie das Geheimnis, das man vom Leben alles, aber wirklich alles haben kann.

Der wirksamste Weg, die natürliche Fülle und Wohlstand »in Erscheinung« zu rufen, ist das SEGNEN. Indem Sie Ihren »inneren Wohlstand« segnen, wird er nicht nur als Realität in Erscheinung treten, sondern wird sich auch segensreich auf Ihr Leben auswirken. Fragen Sie sich einmal, wie oft SIE IHRE Aufmerksamkeit über Ihren Körper hinaus ausdehnen, nach INNEN richten und in dieser tiefen Stille verweilen. Jetzt bemerken Sie sicher auch, dass das bislang eher nicht oder nur ganz wenig der Fall war und dass Sie nicht ihr vollumfängliches Potenzial schöpfen – wahrscheinlich nicht einmal ein Prozent davon.

Beim Segnen ist die Form des Segnens zwar ohne Bedeutung, aber der Segen geschieht nur dann, wenn er absichtslos, aus ganzem Herzen und ehrlich geschieht. Es ist so, als ob Sie jemandem einen Geldbetrag versprechen und das Versprechen dann nicht einhalten, weil Sie es nicht ernst gemeint haben. Sie sollten tief in sich der SEGEN sein, denn es ist kindisch, sich den SEGEN einfach mal so nebenbei vorzustellen und zu fühlen, um dann aus einer Erwartungshaltung heraus Forderungen zu ziehen.

Es ist an der Zeit, erwachsen zu werden und den SEGEN, der wir sind, auch zu leben und ihn nicht mal einfach so herbeizuwünschen, wenn man glaubt, wieder etwas haben zu wollen oder wenn einem ein Wunsch auf dem Herzen liegt. Das wäre ja nahezu wie ein Tauschhandel: Ich wünsche mir DIES oder DAS liebes Leben, nun fühle ich mal schnell SEGEN in mir und dann erfülle mir dafür den Wunsch. Deshalb ist diese »Anleitung« erst dann »hilfreich«, wenn Sie es nicht aus Ihrer Person heraus wollen, sondern aus Ihrem SELBST heraus geschehen lassen.

SOBALD SIE SEGEN SIND, BEGINNT ER SICH ZU VERWIRKLICHEN UND MANIFESTIERT SICH.

SIE senden STÄNDIG ein Signal Ihres SO-SEINS aus und ziehen damit kontinuierlich die entsprechenden Ereignisse in Ihr Leben. Dies geschieht eben nach dem »Gesetz der Anziehung« und dieses Prinzip sorgt dafür, dass JEDER das ihm entsprechende Schicksal erlebt.

BEI JEDEM WUNSCH AUF DIE MOTIVATION ACHTEN!

Sie erkennen Ihre Motivation an dem Gefühl, wenn Sie an den Wunsch denken. Ist es nur oberflächliche Vorfreude und Lust, oder ist es ein tief verinnerlichtes angenehmes Gefühl des Vertrauens. Dieses Gefühl der absoluten inneren Überzeugung und des inneren Wissens, zeigt Ihnen, dass es sich ergeben wird, weil es zu Ihnen gehört. Ist das Gefühl etwas unangenehm oder nicht ganz stimmig, dann ist es etwas, das Sie vermeiden oder loswerden wollen. Es ist also etwas, das nicht für Sie bestimmt ist.

Der Wunsch nach mehr Geld ist meistens mit einem UNANGENEHMEN Gefühl verbunden, weil er aus einem Gefühl des Mangels entsteht. Dann aber verursachen Sie nicht mehr Geld, sondern den Mangel, den Sie eigentlich vermeiden oder beheben wollen und wundern sich, wo das Geld bleibt. Wir erkennen also unsere entscheidende Motivation nicht an unserem Wunsch, sondern an dem damit verbundenen Gefühl und dadurch »wissen« wir wiederum, was wir WIRKLICH »bestellen«.

Motivation läuft auf einer Ebene weit UNTERHALB des Denkens ab und funktioniert über Gefühle, die uns signalisieren, ob wir etwas für erstrebenswert halten oder es vermeiden wollen. Daher ist es ein absolut sicherer Indikator, ob wir etwas wirklich, oder eher das unerwünschte Gegenteil verursachen. Das Gefühl kann sehr subtil sein, aber es ist IMMER vorhanden, weil wir ALLES mit einem Gefühl verbinden. Das Gefühl ist die Brücke in die Ebene des SEINS. Empfinden wir das mit dem Wunsch verbundene Gefühl als angenehm, können wir davon ausgehen, dass es keine Hindernisse für die Erfüllung gibt. Dann wird es meist innerhalb weniger Tage »geliefert«, oft sogar innerhalb von wenigen Stunden. Ist das nicht der Fall, sollten wir noch einmal das begleitende Gefühl überprüfen.
Bei einem Problem ist die Motivation IMMER: »etwas zu vermeiden« und damit wird das Problem eher verstärkt. Indem Sie Ihre Aufmerksamkeit auf den erwünschten Endzustand richten, ändern sich SOFORT unsere Gefühle und damit wird die Bestellung erst lieferbar.

Etwas abzulehnen ist daher eine zuverlässige Methode, es zu verstärken und nicht mehr loszuwerden. Das Problem erschafft sich so immer neu. **Richten wir unsere Aufmerksamkeit dagegen auf die Lösung und haben Freude daran, ist das Problem fast schon gelöst.** MÜSSEN wir aber das Problem erst lösen, halten wir es damit nur fest.

Wenn Sie Ihr Konto überzogen haben und Ihre »Lösung« besteht darin, sparen zu müssen, dann richten Sie Ihre Aufmerksamkeit auf den Mangel und verstärken ihn. Dann erschafft das Leben immer neue Notwendigkeiten, um sparen zu MÜSSEN. Dann versuchen Sie NOCH MEHR zu sparen und schaffen so immer neuen Mangel, wie zum Beispiel eine unvorgesehene Autoreparatur. Nicht der Gedanke ist die Ursache, sondern das begleitende Gefühl. Die Ursache des Gedankens aber ist eine Überzeugung. Das »positive« begleitende Gefühl ist die »Auftragsbestätigung des Lebens«, dass der Auftrag angenommen wurde und bereits in Arbeit ist, um in Kürze geliefert zur werden. Und plötzlich ist es ganz einfach.

WIE SIE UNERWÜNSCHTE EREIGNISSE NICHT MEHR UNBEWUSST ANZIEHEN

Indem Sie Ihre Aufmerksamkeit nicht mehr auf scheinbare Probleme, Mängel und Unstimmigkeiten, das heißt, nicht mehr auf das richten, was NICHT sein soll, wird sich Ihre Resonanzfähigkeit zu diesen Dingen verringern, verlagern und ändern. Denn worauf Sie Ihre Aufmerksamkeit richten, dorthin wird Ihre Schöpfungskraft fließen. Wenn Sie nach links sehen, sehen Sie ja auch nicht die Dinge, die rechts von Ihnen sind. Die Ausrichtung ist also die Voraussetzung, um Dinge nicht in Ihr Leben zu ziehen, oder sie zu manifestieren. Es geht also darum, seine Aufmerksamkeit zunächst einmal ganz bewusst von dem, was nicht sein soll, ABZUZIEHEN. So werden unerwünschte Ereignisse erst gar nicht mehr »in Erscheinung« treten. Danach geht es darum, seine Aufmerksamkeit STÄNDIG auf das – WAS SEIN SOLL – gerichtet zu halten. Damit wird nicht nur Erwünschtes hervortreten, sondern auch zuverlässig verhindert, dass Unerwünschtes Schöpfungskraft bekommt.

DIE BEWUSSTE AUSRICHTUNG UNSERER AUFMERKSAMKEIT IST UNSER BESTES GEISTIGES WERKZEUG, UM ZU VERHINDERN, DASS UNERWÜNSCHTE EREIGNISSE ANGEZOGEN WERDEN.

Wenn Sie nicht über genug Geld verfügen und sich aus diesem Mangelbewusstsein heraus, ständig damit auseinandersetzen müssen, wie Sie zu Geld kommen bzw. sich über Wasser halten können, bekommt dieses Geld-Thema eine Wichtigkeit, die es als Problem nur verstärkt und Geld eher abstoßen wird, als es in Ihr Leben zu ziehen. Ihre ganze Energie steckt darin, es erfordert Ihre ganze Aufmerksamkeit UND das, was Ihre Aufmerksamkeit auf sich zieht, wird sich manifestieren.
Es ist in diesem Falle also der Mangel, den Sie dadurch nähren und weiterhin aufrechterhalten. Zusätzlich werden Sie einen großen Teil Ihrer Lebensfreude und Leis-

tungsfähigkeit verlieren, wenn Sie finanzielle Sorgen erzeugen. **Diese scheinbare Sorge, hat sich durch IHR SO SEIN erschaffen, damit Sie beginnen sich nach INNEN zu richten und Ihre Aufmerksamkeit auf den Ursprung des Geldes richten.**

Fragen Sie sich: *Kann Geld aus sich selbst heraus bestehen? Was ist der Ursprung des Geldes, meiner Sorgen, meines Leidens?*

Da Sie Ihre Situation als real betrachten und emotional darin verstrickt sind, ist es natürlich nicht ganz so einfach, aus diesem Schein auszubrechen und dahinterzuschauen. Deshalb sollte man am besten damit anfangen, sich nach seinem SELBST auszurichten, BEVOR man in irdische Unstimmigkeiten involviert ist. Dann ist es auch einfacher, sich zu zentrieren. Haben Sie erst mal Situationen, die unstimmig sind, braucht es etwas mehr Einsatz, doch lassen Sie den Kopf nicht hängen und vergessen Sie niemals: Die Situation ist nur dazu da, damit Sie sie durchschauen und dass Sie sie als das erkennen, was sie in Wirklichkeit ist.
Es geht also nicht darum, aus dem Verstand heraus eine Lösung zu suchen und Nächte lang grübelnd wach zu liegen. Es geht vielmehr darum, die Situation

mit dem Herzen zu durchschauen. Alles zu durchschauen – natürlich auch seine Person, seine Gedanken und Gefühle.

Auch ist es sinnvoll, Ihre Einstellung zum Geld einmal gründlich zu überprüfen. Dabei werden Sie feststellen, dass ein Teil Ihrer Überzeugungen längst schon überholt oder gar schädlich ist. Dann bedarf es hier dringend einer Veränderung, damit sie nicht ein Ergebnis verursachen, welches Sie so gar nicht wollen. Geld hat wie alles andere auch IMMER nur den Wert, den man ihm beimisst – die Sache SELBST ist absolut WERTLOS!
Es geht gar nie um das Geld selbst, vielmehr ist es der emotionale Wohlstand, der damit erreicht werden möchte. Und genau hier liegt die Ursache für das, was als Ihre erlebte Realität in Erscheinung treten wird. Sie fühlen sich schlecht und suchen nach Geld, um sich wohler zu fühlen. Doch ein gutes Gefühl wird weder Geld noch Wohlstand vermitteln. Also müssen Sie sich wohlfühlen, um Wohlstand zu erzeugen.
Das heißt aber nicht, dass Sie die Gegebenheiten als »Resonanz« abstempeln und so tun, als wäre alles okay. Sie können sich nicht einreden, dass es, so wie es JETZT ist, gut ist, wenn Sie es nicht so empfinden. Sie können also etwas, was Sie für unstimmig halten, nicht einfach als toll ansehen – Sie müssen DAHINTER sehen und er-

kennen, was der Ursprung der Dinge ist, um sich Ihnen hingeben zu können.

Hingabe geschieht nie an ein Ding oder eine Sache. Wahre Hingabe richtet sich NACH DEM EINEN aus, das die Ursache für das Erscheinen dieser Dinge ist. Machen wir uns also bewusst, dass Mangel nicht schöpfungsgerecht ist. Wir empfinden Mangel, aber wir sind nicht dieser MANGEL! Armut ist eine GEISTIGE Krankheit und kann nur dann ausgeheilt werden, wenn Sie sich bewusst machen, dass Fülle der natürliche Zustand der Schöpfung ist. Fülle ist in erster Linie IMMER nur die ERFÜLLUNG in sich, und nicht die Fülle im Außen, die vergänglich ist. Es geht in unserem Lebensauftrag nun mal um die Dinge, die unvergänglich sind und wir schauen immer nur auf die Dinge, die kommen und gehen. Wir steigen in die Glut und beschweren uns also, dass es heiß ist! Wie verkehrt wir diese Welt doch sehen.

DEM LEBEN DIE RICHTIGEN »ANWEISUNGEN« GEBEN

Das Leben wartet auf IHRE Anweisungen, dass Sie von Ihrer natürlichen Fähigkeit des Verursachens endlich Gebrauch machen werden. Gedanken, Gefühle, Überzeugungen und Taten SIND Anweisungen.
Auch schöpferische Imagination und geistiges »in Besitz nehmen« SIND Anweisungen. ALLES, was Ihnen auf Ihrem Weg durch dieses Leben begegnet, ist eine Folge der von IHNEN bewusst oder unbewusst gegebenen Anweisungen. SIE müssen die Wahl treffen, wie Ihr Leben verlaufen soll, und Ihr Leben IST diese Wahl.

Erste Anweisung: LOSLASSEN.
Lassen Sie zunächst alles los, was nicht mehr in Ihr Leben gehört, was Sie nicht wirklich glücklich macht

und schaffen Sie so Raum für Ihr neues, faszinierendes und erfüllendes Leben.

Zweite Anweisung: ZIELKLARHEIT SCHAFFEN.
Die meisten Menschen wissen immer nur, was sie NICHT wollen. Das ist nicht besonders hilfreich. Formulieren Sie Ihre Ziele schriftlich und wohlwollend: WAS SEIN SOLL. Machen Sie sich Ihren Wunschtraum bewusst, um ihn dann auch verwirklichen zu können. Prüfen Sie, ob Ihr derzeitiger Weg zu diesem Ziel führen kann.

Dritte Anweisung: DIE AUFMERKSAMKEIT ABZIEHEN VON ... UND RICHTEN AUF ...
Die meisten Menschen richten ihre Aufmerksamkeit fast ständig auf Schwierigkeiten und verursachen damit unbewusst immer mehr Schwierigkeiten. Manche Menschen machen das so gründlich, dass ihr Leben unerträglich wird. Indem Sie Ihre Aufmerksamkeit auf das richten, was sein soll, fließt Ihre Schöpfungskraft genau dahin und verwirklicht genau das, wonach Sie sich ausgerichtet haben.

Vierte Anweisung: »VERMÖGEND SEIN«.
Werden Sie sich Ihres geistigen Potenzials bewusst. Aktivieren Sie es und setzen Sie es sinnvoll ein. Erkennen Sie, dass Sie ALLES »vermögen«, denn Sie sind der be-

wusste Schöpfer aller Umstände. Das wird Ihr Vermögen STÄNDIG ausweiten und steigern.

Fünfte Anweisung: DEN TAG ALS »SELBST« BEGINNEN. Segnen Sie zu Beginn des Tages ALLE Aspekte, damit Sie sich segensreich entfalten können. Nehmen Sie erwünschte Ereignisse »in Besitz«, um Unerwünschtes nicht mehr anzuziehen. Gestalten Sie den Tag bewusst und genießen Sie den Augenblick, unabhängig von dem, was »geschehen« mag.

Sechste Anweisung: »ALTER-LOS LEBEN«.
Machen Sie sich Ihr wahres Alter bewusst. Erkennen Sie: Bewusstsein hat kein Alter, kann weder krank sein noch alt werden – DENN SIE SIND. Sie sind Bewusstsein und nicht diese Hülle, die IHNEN als Bewusstsein kurzzeitig zur Verfügung steht. Wagen Sie das Experiment hinter den Schein zu sehen und die oberflächlichen Erscheinungen zu durchdringen, um eines Tages Ihr wahres Naturell zu entdecken.

WIE SIE BEKOMMEN, WAS IMMER SIE WOLLEN

Schaffen Sie Zielklarheit. BEVOR etwas werden kann, müssen Sie wissen, WAS Sie wollen, und es sich »bildhaft« vorstellen. Voraussetzung dafür ist, dass Sie bei Bewusstsein sind, das heißt, im Bewusstsein Ihrer wahren Identität und damit in der Schöpfungs-Vollmacht verweilen. Nur Bewusstsein besitzt »die Fähigkeit« etwas »in Erscheinung« zu rufen, aus dem NICHTS das ALLES ist, zu manifestieren. **Die Veränderung der Umstände wird im Bewusstsein geschaffen, und tritt als Ihre erlebte Realität IM AUSSEN »in Erscheinung«.**

Die Anweisung an das Leben erfolgt im Bewusstsein und manifestiert sich im Außen. Ein »Armer« KANN nicht reich werden, weil er dann ja kein Armer mehr wäre. Er muss zuerst den Reichtum im Bewusstsein verwirklichen, BEVOR dieser im Außen »in Erscheinung« treten KANN. Das Gleiche gilt für einen Erfolglosen, Dicken, Einsamen oder Kranken. JEDER Wirkung geht eine »entsprechende« Ursache voraus. Erst wenn die geändert ist, KANN sich auch die Wirkung entsprechend ändern. Erst damit ziehen wir unerwünschte Ereignisse nicht mehr unbewusst an. Solange Mangel im Bewusstsein ist, KANN im Außen die Fülle nicht »in Erscheinung« treten.

FÜHLEN Sie die Verwirklichung Ihrer Absicht und Sie können die Erfüllung nicht mehr vermeiden! Sind erst alle »Verhinderungsprogramme« aufgelöst, erfolgt die »Lieferung« meist innerhalb weniger Tage, oft schon in einigen Stunden. Geschieht das nicht, ist da noch ein Hindernis zu beseitigen. Leben ist das, was SIE daraus machen und alles, wirklich ALLES, ist möglich! Am Start stehen auf Grund der wirkenden Ursachen Gewinner und Verlierer bereits fest. **Leben ist ein permanenter Schöpfungs-Prozess.** Wir ALLE erschaffen STÄNDIG, nur nicht immer das, was wir eigentlich wollen.

DER ENTSCHEIDENDE FAKTOR FÜR DIE ERFÜLLUNG IST DAS BEWUSSTSEIN.

Ich richte meine Aufmerksamkeit auf das, was sein soll, und erlebe es als erfüllt. Worauf ich meine Aufmerksamkeit richte, dahin wird auch meine Schöpferkraft fließen und die verwirklicht dann das Leben. ALLES, was Sie denken, sich vorstellen und glauben können, das können Sie auch verwirklichen. Das, was Sie glauben, bestimmt das, was Sie erleben.

Sie machen sich für etwas Erwünschtes »magnetisch«, indem Sie sich mit der Energie der Gewissheit der Erfüllung »erfüllen« und der Freude und Dankbarkeit darüber, dass Sie es bereits erhalten HABEN, Ausdruck verleihen. Durch die »Macht der Wiederholung« wird es zuverlässig »verankert«, sodass das Leben es als Ihre erlebte Realität manifestieren MUSS. Sie können nichts bestellen, ohne es zuvor geistig besessen zu haben. »Erst gewinnen, DANN beginnen!«

Manifestieren kurz gefasst:

Ich bin »bei Bewusstsein«. ICH BIN mir meiner wahren Identität, meiner »Schöpfungs-Vollmacht« bewusst.

Ich stelle mir das Gewünschte bildhaft als erfüllt vor und FÜHLE, dass es BEREITS geschehen IST. So erfülle ich mich auch mit der »Gewissheit der Erfüllung«!

Ich spüre eine starke FREUDE und DANKBARKEIT, die als »Auftragsbestätigung des Lebens« gelten und die mir bestätigen, dass der Auftrag angenommen wurde, bereits »in Arbeit« ist und in Kürze geliefert wird.

Ich mache mich durch die Energie der »Gewissheit der Erfüllung« für den »erwünschten Endzustand« magnetisch, sodass das Leben ihn als meine erlebte Realität manifestieren MUSS!!!

DIE WEISHEIT DES UNIVERSELLEN BEWUSSTSEINS

ALLES, was im Universum existiert, schwingt und überhaupt alles hat seine ganz besondere Frequenz. **JEDE Änderung Ihres Bewusstseins, hat eine sofortige Veränderung dieser Schwingung zur Folge.**

Das universelle Bewusstsein, das durch Sie in Erscheinung tritt, weiß ganz genau, was für Sie stimmt oder nicht und zeigt »richtig« oder »falsch« auch immer zuverlässig an.

Da wir das im Leben aber nicht unmittelbar wahrnehmen können, weil wir zu stumpf und zu unbewusst geworden sind, ***können wir von folgender Möglichkeit Gebrauch machen:***

Testen Sie deshalb einmal eine bestimmte Nachricht in der Zeitung oder im Fernsehen, wie diese auf Sie wirken.

Auch die Stimme eines Menschen hat eine sofortige Wirkung auf uns. Alles, was wir erleben, hat eine SOFORTIGE Wirkung auf den Körper und über bestimmte »Indikator-Muskeln« wird angezeigt, ob uns etwas stärkt oder schwächt.

Verblüffend ist es, dass fast jeder Mensch schwach testet, wenn er seinen Namen hört. Dabei sollten Sie bedenken, dass ALLES, was Sie schwächt, ärgert, kränkt, verletzt oder enttäuscht, auf einen Ihrer Mängel aufmerksam macht und dadurch eine ihrer Aufgaben preisgibt. Einer der deutlichsten »Indikator-Muskeln« ist der *Deltoideus,* der Armmuskel. Halten Sie zum praktischen Test einen Arm seitlich waagerecht und eine andere Person drückt etwa bei der Handwurzel auf Ihren Arm. Dabei aber immer nur einige Zentimeter runterdrücken, um den Grad der Spannung zu überprüfen, also den »Normalzustand«, dabei NICHT schon an das denken, was Sie testen wollen, sondern einfach ganz neutral sein. Dann nehmen Sie einmal ein persönliches Problem, eine Schwierigkeit, eine Situation, ein Nahrungsmittel oder ein Medikament in Ihr Bewusstsein. Sobald Sie das klar vor Augen haben, lassen Sie wieder auf den Arm drücken und dabei werden Sie sofort einen deutlichen Unterscheid spüren. Sie haben das Gefühl, dass der andere stärker oder schwächer drückt, weil Ihr Bewusstseinsinhalt Ihren Muskel schwächt oder stärkt.

Sie können sich dann auch eine Lösung vorstellen und testen, ob es eine wirkliche Lösung ist, dann werden Sie deutlich stärker reagieren. Sie können den Test wiederholen, wenn Sie das Problem gelöst haben, um zu sehen, ob es wirklich restlos gelöst ist, denn dann stärkt es Sie deutlich, wenn Sie daran denken. Sie können auf diese Weise auch Stress, oder Belastungen vorwegnehmen, indem Sie sich die Situation vorstellen, dabei aber die beiden »Stirnbeinhöcker« halten. Diese liegen über den Augenbrauen in der Mitte der Stirn. Halten Sie die beiden Punkte solange, bis Sie die Situation nicht mehr schwächt. **Die Antwort entspricht IMMER dem Bewusstsein des Fragestellers und kann niemals Ihrer Persönlichkeit entspringen.** Sind Sie im BEWUSSTSEIN, dann wird dieser einfache Test die individuelle Wahrheit unmittelbar zeigen.

DIE »AMPEL-IMAGINATION«

So antwortet das universelle Bewusstsein: Sie können den Test rein geistig nutzen, indem Sie sich durch Imagination die Vorstellung einer Verkehrsampel bewusst machen. Nehmen Sie eine Absicht in Ihr Bewusstsein, und schauen Sie dabei auf diese innere Ampel und machen Sie sich bewusst, welches Licht dabei aufleuchtet. Lassen Sie das Bild der Ampel so deutlich werden, dass Sie das Licht der Ampel ganz klar erkennen können.

ROT bedeutet: »NEIN! Vorsicht! Achtung! Falsch!«

GELB bedeutet: »Aufpassen!«

GRÜN bedeutet: »JA! Richtig! Gut!«

Leuchten Grün UND Gelb gleichzeitig auf, heißt das grundsätzlich: »Im Prinzip JA, aber es sind gewisse Dinge zu beachten.«

ROT und GRÜN gleichzeitig bedeuten eigentlich ganz klar »nein«, aber unter ganz bestimmten Umständen ist es doch möglich.

Um diese »Intuitions-Ampel« nutzen zu können, sollten Sie sich bei Entscheidungen immer wieder das Bild der Ampel bewusst machen und die Farbe wahrnehmen, die durch sie angezeigt wird.
Das führt dazu, dass das Bild der Ampel in Ihrem Bewusstsein auch dann aufsteigt, wenn Sie gar nicht danach fragen und letztendlich zeigt die Ampel STÄNDIG und BEI ALLEM an, was das EINE SEIN dazu zu sagen hat.

Sie testen auf diese Weise ...

... ob Sie ein Nahrungsmittel stärkt oder schwächt.

... ob ein Medikament hilfreich für SIE ist.

... ob eine bestimmte Musik Sie stärkt oder schwächt.

... ob ein Kleidungsstück stärkend wirkt oder nicht.

... ob Auto, Brille oder Tapete stärkend auf Sie einwirken.

... ob Ihnen ein Wein, Bier oder Cognac bekommen.

... ob Sie Alkohol lieber sein lassen sollten.

... ob Beziehungen noch stimmig sind.

... ob Ihr Urlaubsort stärkend wirkt.

... ob Sie Ihr Arbeitsplatz Kraft kostet.

... ob Ihr Bett die optimale Schlafstätte ist.

... ob ein Tier stärkend oder schwächend auf Sie einwirkt.

... ob Wohnort, Wohnung oder Haus stärkend sind.

... wie Sie auf eine bestimmte Person reagieren.

... wie Ihr Parfum oder Ihr Rasierwasser wirken.

... wie Sie auf einen bestimmten Gegenstand reagieren.

... wie das Umfeld auf Sie einwirkt.

... wie Sie auf Ihren Namen reagieren.

Sie können so ALLE Lebensumstände testen, ob sie stärkend oder schwächend auf Sie wirken. Wenn etwas schwach ist, dann KANN es für Sie nicht gut sein. Sie können so ALLE Aspekte Ihres Lebens testen – auch die Bücher, die Sie lesen, eine Fernsehsendung oder ein Gespräch. Wichtig ist auch hier wieder der Aspekt ALS WER Sie testen – auf welche Identifikation Sie gerade

Ihr Bewusstsein gerichtet halten. Es kann sein, dass Sie ganz andere Ergebnisse bekommen, wenn Sie als Person testen, oder als Körper, als Verstand oder als Bewusstsein. Bevor Sie testen, konzentrieren Sie sich auf die Identität für die Sie eine Antwort suchen.

Manche Menschen, besonders Frauen, tun sich leichter, die Farben zu FÜHLEN. Dabei können auch feinste energetische Unterschiede wahrgenommen werden. Also ist die Antwort ein einfaches »Ja«, ein »JA!«, oder gar ein »JAAA!!!« Dasselbe gilt für die Antwort »Nein«. Aber auch bei der Farbenergie »Gelb« gibt es viele Unterschiede. Ist Vorsicht geboten wegen der beteiligten Person oder stimmt vielleicht der Zeitpunkt nicht? Ist es nur ein »Vorsicht«, ein VORSICHT oder gar ein VOORSICHT!!! Ist die Vorsicht beendet, wenn ich einen Grund erkannt habe oder gibt es eventuell sogar mehrere Gründe?

Wer die Antwort energetisch wahrnehmen kann, ist also deutlich im Vorteil, weil er nicht nur »richtig« und »falsch« unterscheiden kann. Und obwohl das schon großartig ist, ist es natürlich optimal, wenn auch noch die feinen Nuancen der Antwort erkannt werden können.

DIE RICHTIGEN ENTSCHEIDUNGEN »TREFFEN«

Entscheidungen sollten nicht mehr aus dem Verstand heraus »gefällt« werden, sondern sollten sich ganz natürlich, aus der »inneren Weisheit« ergeben. In JEDEM Menschen gibt es eine Instanz voller Weisheit, die die Antwort auf alle Fragen, die Lösung für jede Aufgabe und die »richtige« Entscheidung bereits kennt und IMMER antwortet, wenn sie gefragt wird. Sie antwortet nicht mit Worten, sondern mit der Veränderung unserer »energetischen Signatur«, die wir mit dem Armtest auch sichtbar machen können. Ich habe mich bisher in unzähligen, wichtigen Lebensentscheidungen darauf verlassen und diese Instanz hat IMMER Recht behalten. Warum? Weil sie die Wahrheit in sich trägt – die WAHRHEIT IST!

AUS DER REINEN WAHRNEHMUNG HERAUS IST ES MÖGLICH, NUR NOCH OPTIMALE ENTSCHEIDUNGEN ZU TREFFEN.

Entscheidungen werden also nicht mehr aus dem Verstand gefällt, sondern aus der Intuition. Der Verstand kann sich mit seiner Begrenztheit nur an Dinge erinnern, die er kennt – alles andere wird für ihn nie infrage kommen. ER kann also nur auf etwas zurückgreifen, was bereits in ihm abgespeichert wurde.

IM UNIVERSUM ABER GIBT ES KEINE BEGRENZUNGEN.

Hier ist jegliche Information energetisch vorhanden, die nur darauf wartet, von uns abgerufen zu werden.

Das geschieht in fünf einfachen Schritten:

Erster Schritt: Machen Sie sich in genau DIESEM AUGENBLICK Ihre »energetische Signatur« BEWUSST.

Zweiter Schritt: Nehmen Sie einmal etwas ins Bewusstsein, das absolut »FALSCH« ist, wie zum Beispiel: »Ich bin siebzehn Jahre alt.«; »Heute ist Dienstag.« oder »Ich bin hier in Berlin.«. Machen Sie sich auch hier die veränderte »energetische Signatur« BEWUSST, indem Sie sie mit drei veränderten Qualitäten benennen.

Dritter Schritt: Nehmen Sie nun einmal etwas ins Bewusstsein, das absolut »RICHTIG« ist und machen Sie sich wieder die Veränderung der »energetischen Signatur« BEWUSST. Vergleichen Sie die »energetische Signatur« von »RICHTIG« mit der »energetischen Signatur« von »FALSCH« und machen Sie sich den Unterschied bewusst, sodass Sie »RICHTIG« und »FALSCH« energetisch eindeutig unterscheiden können.

Vierter Schritt: Nehmen Sie nun einmal etwas ins Bewusstsein, was gerade aktuell zu entscheiden ist – eine Entscheidung, vor der Sie derzeit gerade stehen. Wählen Sie bei der Formulierung aber UNBEDINGT die Behauptungsform. Zum Beispiel: »Es ist für mich richtig, mich so zu entscheiden!«, oder »Es stimmt für mich, das zu tun!«. Machen Sie sich dabei die »energetische Signatur«

bewusst, ist es die Signatur von »RICHTIG« oder von »FALSCH«. Sollte die Antwort nicht sofort eindeutig sein, überprüfen Sie durch weitere Behauptungen, WAS daran »richtig« und WAS daran »falsch« ist, denn manche Entscheidungen müssen nicht NUR »falsch« oder »richtig« sein.

Fünfter Schritt: Sie können die so gefundene Lösung auch mit dem Armtest testen, ob es die optimale Lösung ist – ob es für ALLE Beteiligten die beste Lösung ist, bis Sie die beste Lösung gefunden haben. Dies ist deshalb sinnvoll, da es in manchen Situationen mehrere Lösungen gibt. SO sollten Sie ab sofort in der Lage sein, die wirklich optimale Entscheidung zu »treffen«. Entscheidungen, die aus diesem Aspekt heraus wirklich »getroffen« worden sind, sind auch nach Jahren noch »richtig«.

DU BEGEGNEST IMMER NUR DIR SELBST

ALLES ist ein individualisierter Ausdruck des EINEN SEINS. Wir ziehen immer nur den individualisierten Ausdruck an, der uns entspricht, mit dem wir in Resonanz gehen, der unsere nächste Aufgabe repräsentiert und enthält. Das gilt für JEDE Begegnung, für den Lebenspartner, für unsere Bekannten, Freunde und weniger gut Gesinnte. Wir ALLEIN sind unser EINZIGER Gegner und ebenso sind wir unser einziger Freund. Also begrüßen wir JEDEN, der uns begegnet, als »UNS«.

Erkennen wir also, welchen Aspekt er uns bewusst macht, welche Aufgabe darin enthalten ist und lösen wir sie umgehend. Seien wir dankbar, dass wir uns durch unser GEGENÜBER erkennen DURFTEN. Wenn wir immer wieder das Gleiche erleben, heißt das nur, dass wir uns der

Aufgabe nicht gestellt und sie bisher nicht gelöst haben. Das Leben bietet uns gerade eine weitere Chance dazu, damit wir für den nächsten Schritt frei sein können.

Solange eine Aufgabe nicht gelöst ist, können wir nicht weitergehen und es behindert unsere eigene Ent-Wicklung. Daher ist es das Wichtigste, die darin enthaltene Aufgabe zu erkennen. Wir können eine Aufgabe erst dann lösen, wenn wir sie zuvor erkannt haben, sie annehmen und bereit dazu sind, uns dieser Aufgabe auch zu stellen.

Es ist nicht meine Aufgabe, sie so schnell wie möglich zu lösen, sondern die Lösung zu genießen. Das Leben nicht zu »erledigen«, sondern zu »zelebrieren«. **JEDEN Augenblick dieses wunderbare Geschenk des Lebens zu leben, bewusst und dankbar zu er-leben, IST WAHRES LEBEN.** Mir bewusst bei meiner eigenen Ent-Wicklung zuzuschauen, dankbar zu erkennen, welche Schritte ich bereits getan habe und das »Geschenk des Augenblicks« bewusst zu erleben, ist der Schlüssel zum Glück. Dabei sollte ich nicht auf das Urteil des »ICH« achten, ob dieses »ICH« es als angenehm oder als unangenehm empfindet. Hier geht es nicht um meine persönlichen Empfindungen, denn ALLES ist hilfreich und es ist oft das Unangenehme, das besonders hilfreich ist.

ERLEBEN SIE ALSO IMMER GANZ BEWUSST, DASS SIE ALLES NUR SELBST SIND, DA ES AUSSER EINEM SELBST NICHTS GIBT, WAS EWIG ANWESEND IST.

Sie begegnen IMMER sich SELBST. Damit ist es selbstverständlich, dass Sie JEDEM Aspekt liebevoll begegnen und achtsam sind. Wie Jesus es schon sagte: »Was ihr dem geringsten meiner Brüder tut, habt ihr mir getan.« Irgendwann werden Sie das EINE SEIN, IN ALLEM erkennen können – DAS EINE SEIN, das Sie sind.

Dies trifft auf alle Lebewesen zu sowie auch auf Ihre Kinder. Sie haben Ihre Kinder nach dem »Gesetz der Resonanz« angezogen, weil Sie eine gemeinsame Aufgabe haben. Es ist nicht unsere Aufgabe, unsere Kinder zu »erziehen«, sondern liebevoll miteinander herauszufinden, was zu tun ist und dem »scheinbar« anderen zu helfen, zu sich selbst zu erwachen. Das wichtigste Geschenk, das Sie sich SELBST machen können, ist Ihr erwachtes Bewusstsein dem »Kinde« mit auf den Weg zu geben.

LASSEN SIE IHR WAHRES ICH ENTSCHEIDEN, STELLEN SIE DAS PERSÖNLICHE ICH ZURÜCK UND ENTDECKEN SIE IHRE WAHRE NATUR.

Das EINE SEIN, das Sie SIND, begleitet Sie STÄNDIG auf Ihrem Weg durch Ihr Leben und sorgt dafür, dass zur rechten Zeit IMMER das Richtige »geschehen« wird. **Wenn Sie zu BEWUSSTSEIN erwachen, erkennen Sie sich als dieses und Entscheidungen werden geschehen.** Alles ergibt sich mühelos, in absoluter LEICHTIGKEIT von SELBST. Dann gibt es auch nichts mehr zu entscheiden und plötzlich ist alles ganz einfach. **Die »Illusion des Ich« verschwindet und das, was bleibt, ist das, was immer schon war.**

EINTRETEN IN DIE NATÜRLICHE VOLLKOMMENHEIT DES SEINS

Die »Schöpfungsidee Mensch« ist vollkommen. Wir alle tragen das Potenzial der Vollkommenheit in uns. Wir sind gedacht, »Lebens-MEISTER« zu sein. Unsere Ursprünglichkeit ist zwar vollkommen, aber unser irdischer Aspekt ist noch nicht vollendet. Warum? Weil er sich noch nicht als Vollendung erkannt hat!

»Unser Schöpfungsauftrag« ist es, dieses »Potenzial der Vollkommenheit« in Erscheinung zu rufen, den Schleier der Trugbilder zu lüften und aus unserer natürlichen Vollkommenheit heraus zu leben. Das heißt, unser Leben wirklich zu »meistern«, indem wir ein MEISTER sind.

Der Mensch ist ein Ebenbild »Gottes«. Er ist ein vollkommener Ausdruck der Vollkommenheit. Wir alle tragen den KEIM der Vollendung in uns, doch wenn er keine Zuwendung bekommt, dann wird er ersticken. Der Weg zu dieser Erkenntnis nennt sich EVOLUTION. So wie im Samen bereits der fertige Baum enthalten ist, so ist unsere Seele mit dem GOTTESBILD ausgestattet. Die geistige Geburt ist also das höchste Ziel, nach der wir ALLE – bewusst oder unbewusst – streben. Diese Geburt verzögert sich durch unsere Unwissenheit. Solange wir nicht wissen, was wir sind, wird diese Geburt auch nicht stattfinden können. Ich glaube etwas lösen oder finden zu müssen, und weiß nicht einmal, wer nach Auswegen und Zielen sucht. Also machen wir uns daran herauszufinden, was wir in WAHRHEIT SIND. Dies ist das einzige und höchste Ziel und sollte unsere ganze Aufmerksamkeit haben. Irren wir also nicht weiter in diesen Bildern, wie Situationen, Ereignissen, Gedanken oder Gefühlen herum und reduzieren wir uns auf die WESENTLICHKEIT. Mit jedem Einzelnen, der seine individuelle geistige Geburt vollendet, tritt die »kollektive Geburt der Vollendung« MEHR in Erscheinung.

Unsere Aufgabe ist es nun, wesentlicher zu werden, das heißt, wie die »Weisheit der Sprache« es schon besagt, uns dem wahren Wesen zuzuwenden. Der wahre Mensch in uns möchte endlich »in Erscheinung« treten. Dafür müssen wir wacher und achtsamer durch das Leben gehen. Je mehr Menschen zu sich SELBST erwachen, desto dichter wird das Netz des Erwachens im kollektiven Bewusstsein. Und nur dieses Netz wird das Überleben der Menschheit gewährleisten können.

Zu allen Zeiten gab es Menschen, die das Geheimnis des SEINS kannten. Das Bewusstsein ist nicht ein Teil des Menschen, es ist das, was das MENSCH-SEIN ermöglicht. Wie sollte der Körper mit Ego, Verstand und Sinnen sonst wohl existieren können, wenn der »Antriebspunkt« fehlt? Wir sind zeitlose Wesen der Ewigkeit, die sich in einer zeitlich begrenzten und künstlich erschaffenen Zone als Instrument aufhalten, um uns durch diese Umstände erfahren zu können.

Wir sind eine Verkörperung des ALL-BEWUSSTSEINS, ein individualisierter, aber ungetrennter Teil des EINEN SEINS. Und genau das ist DAS, was bleibt, wenn alles andere vergeht und wir unser Instrumenten-Dasein beendet haben. Unser Leben ist als eine faszinierende Erfahrung gedacht, doch es ist nicht das, was wir sind. **Wir sind Freude. Wir sind Liebe. Wir sind DAS. Körperlos, ewig und frei!**

Das Richten der Aufmerksamkeit lenkt die »schöpferische Urkraft« auf einen bestimmten Aspekt des Lebens und lässt ihn wirksam werden. Durch das Richten der Aufmerksamkeit auf einen erwünschten Endzustand, treten wir damit in »Resonanz«. Wir können unsere Aufmerksamkeit am besten gleich auf unsere wahre Identität richten. Das »Richten der Aufmerksamkeit« auf bestimmte Dinge ist die Überbrückung und Hilfestellung, bis Sie direkt in die Tiefen des SEINS vorstoßen werden. Da ist kein TUN mehr vorhanden, denn es wird durch das »GESCHEHEN LASSEN« ersetzt. Das ist der meisterliche Weg und bis dahin üben Sie sich in Geduld und haben Sie Freude an ALLEN Situationen, die Ihnen das LEBEN schenkt, um zu wachsen und zu reifen. Denken Sie daran: ALLES ist immer nur ein Zustand, der vergeht und es sind diese Erfahrungen, die notwendig sind, damit wir eines Tages GOTT in uns erkennen können.

ERST NACH UNZÄHLIGEN ERFAHRUNGEN WERDEN WIR UNS ERKENNEN KÖNNEN, DAS IST DAS SPIEL.

Unsere Vorstellung steht uns auch bei der Vollkommenheit im Wege. Wir haben auch hier ein bestimmtes

Bild, wie Vollkommenheit zu sein hat. Vollkommenheit MUSS aber nicht irgendwie oder irgendetwas sein. Warum? Weil SIE BEREITS IST, ohne dabei irgendetwas oder irgendwo sein zu müssen! Vollkommenheit kann sich nur durch Unvollkommenheit entfalten, also beinhaltet Vollkommenheit ALLES, WAS IST. Also sind ALLE Möglichkeiten und Dinge, die sich ergeben VOLLKOMMEN. Vollkommenheit ist also nichts Bestimmtes, Vollkommenheit beinhaltet alles, ohne dabei nur irgendetwas ausschließen zu können.

Lassen Sie sich ganz auf das ein, was Sie tun und machen Sie es so vollkommen, wie möglich. Dann werden Sie erkennen, dass es gar nie um ein »Ziel« gegangen ist, sondern darum, wie ich den »Weg« wahrgenommen habe. Somit gibt es keine geringe Tätigkeit und auch keine wertvolle Aufgabe, weil Sie in ALLEM die Vollkommenheit entdecken können, wenn Sie nur lange genug hinsehen. **Die Vollkommenheit nicht ALS Tun zu erleben, sondern in seinem TUN, ist die Herausforderung des Lebens.**

Mit dieser Erkenntnis wird Ihr Leben einen ganz anderen »Sinn« bekommen, als es bislang hatte. Vollkommenheit ist kein fernes Ziel mehr, sondern überall in JEDEM MOMENT anwesend. JETZT geht es nur noch darum, das auch wahrzunehmen. Dafür bedarf es der Stille, in der das persönliche Ego, mit seinem DENKEN, seinem FÜHLEN und seinen SINNEN abwesend ist. Erleben Sie sich als »liebevolle Präsenz des SEINS«, mit der Aufgabe diese Vollkommenheit ins JETZT zu bringen, als eine Art »Botschafter der Vollkommenheit«. Da ist kein Hindernis, keine Schwierigkeit und auch NICHTS, auf das Sie warten müssen – die einzige Schwierigkeit ist, dass Sie sich selbst im Wege stehen.

Halte ich also weiter an meiner Unwissenheit fest und gebe mich mit den Oberflächlichkeiten zufrieden, wird mir die TIEFE DES SEINS weiterhin verborgen bleiben. Deshalb bedarf es NEUGIER, MUT und FREUDE sich auf den Weg zu machen, der gar kein Ziel hat. Das Ziel, welches gar kein Ziel ist, wird sich dann zeigen, wenn ich alle irdischen Bedürfnisse hinter mir gelassen haben.

Als Kind war es noch selbstverständlich, in seinem TUN zu versinken und sich dem Moment hinzugeben. Wir wollten nicht in der »Geistesgegenwart« leben, wir haben es einfach getan: Wir wurden gelenkt – es ist einfach geschehen! Gewahrsein ist die höchste Stufe des »WIRKENS«, des »TUN im NICHTS-TUN«. Die Erfahrung der Wirklichkeit des SEINS und in der Leichtigkeit des SEINS zu leben, ergibt sich von SELBST.

Es geht also darum, wieder in das »PARADIES des JETZT« zurückzukehren. Die Türen sind offen, wir können jederzeit eintreten und der Zeitpunkt wird sich ergeben. Wenn Sie bereit sind, treten Sie doch einfach ein.

Es ist das Eintreten in eine »andere Ebene des SEINS«, das eine ganz neue Lebensqualität beginnen lässt – es ist ein Sprung in der eigenen, individuellen Evolution. In dem Maße wie wir uns der Wirklichkeit nähern, verschwindet das Leiden aus unserem Leben. Da ist niemand mehr, der leiden könnte, jemals gelitten hatte und jemals leiden wird. Die Persönlichkeit ist durchschaut und die Quelle zeigt sich. Wenn die »Illusion des ICH« schwindet, verlieren alle Probleme, Schwierigkeiten, Sorgen, Nöte und Ängste ihre Wertigkeit. Natürlich können sich Ärger und Stress über die Person einstellen, doch wenn ich mich nicht mehr damit identifiziere, werden sich auch Reaktionen ändern. Es ist eine große Veränderung und Erleichterung für den Menschen und in Wahrheit ist gar nichts passiert. Das Trugbild des Lebens wurde durchschaut und dadurch werden wir nicht nur mit unbändiger Freude erfüllt, sondern erkennen uns als DIE FREUDE SELBST. Wir sind endlich wieder im Ein-Klang mit unserem wahren Wesen und das Leben kann nun vollkommen mühelos vonstattengehen.

Das Leben bekommt eine neue Qualität, eine ganz andere Dimension – es ergibt sich so, wie es vom Leben gemeint ist. Natürlich war es auch vorher schon so, wie es gemeint war, nur JETZT kämpft niemand mehr dagegen an.

**BEDÜRFNISSE WEICHEN,
WÜNSCHE UND ZIELE
SIND ABWESEND,
WOLLEN UND HOFFEN VERSICKERT
UND DIE SUCHE HAT EIN ENDE.**

Und nun liegt die Erkenntnis frei, dass es auf dieser Suche gar nichts zu finden gibt und dass es auch keinen gibt, der gesucht hat. Alles Sichtbare sowie Materie sind durchschaut, daher nebensächlich und unwichtig – WEIL VERGÄNGLICH. Das heißt aber nicht, dass ich mich an nichts mehr erfreuen oder in nichts mehr wohlfühlen kann, denn LEBEN heißt Freude zu sein. Im Gegenteil, alles geschieht aus reiner Freude, nur sind mein Zustand, mein Gefühl und mein Befinden nicht mehr abhängig von Äußerlichkeiten. Ich bin mit und ohne einen schönen Sonnuntergang freudig in mir SELBST, das

Leben kann nichts mehr dazu beitragen, damit es mir besser oder schlechter geht. Alles, was passiert, passiert eben – na und? Wen kümmert's denn?

BEGEGNEN WIR ALSO DER STILLE IN UNS, DAMIT WIR IN DIE UNMITTELBARKEIT DES JETZT EINTRETEN KÖNNEN.

Sobald wir die Stimme der Stille erleben, sind wir in uns angekommen – wir sind dort, woraus wir uns niemals entfernt haben. Und doch scheint es so, als hätten wir über Milliarden von Jahren und Umwegen, nun endlich wieder zu uns gefunden. In diese GOTTESUNMITTELBARKEIT unseres »wahren Wesens« können wir nicht eintreten, weil wir niemals ausgetreten sind, auch wenn wir immer wieder der Einbildung erliegen, uns entfernt zu haben.

Jeder Augenblick lädt mich dazu ein, als das, WAS ER IST, erkannt zu werden. Mich an mein wahres Sein zu erinnern, mich zu entdecken und wieder ganz ICH SELBST zu sein. Das zeigt mir, dass Vollkommenheit IN

ALLEM immer anwesend ist und der Traum vom fernen Ziel, wie alle anderen Träume, endlich aufgegeben werden kann.

DIE »BLITZTECHNIK DES UMKREISENS«

Das Richten Ihrer Aufmerksamkeit ermöglicht Ihnen, eine bestimmte Absicht auf ganz einfache Weise zu verwirklichen. Schreiben Sie den erwünschten Endzustand doch einfach auf ein Blatt Papier, möglichst genau in die Mitte. Versuchen Sie ihn mit so wenig Worten wie möglich, ganz genau zu beschreiben. Es sollte aber nicht länger als ein Satz sein, im Idealfall wäre sogar ein Wort optimal. Optimieren Sie Ihre Formulierung, bis sie energetisch stimmt, bis Wort, Bild und Erwartungen im Ein-Klang sind (zum Beispiel: VOLLKOMMEN HANDELN) und indem ich mich mit der gewünschten Energieschwingung erfülle. Dabei richte ich meine Aufmerksamkeit auf den erwünschten Endzustand und halte sie so lange gerichtet, bis sie sich erfüllt.

Schauen Sie nun auf das, was Sie geschrieben haben und »sehen« Sie es bildhaft verwirklicht vor sich. Sehen

Sie, wie es bereits erfüllt IST. Versenken Sie sich ganz in das Bild des erfüllten Endzustands. Dann beginnen Sie das Geschriebene linksherum, also gegen den Uhrzeigersinn zu umkreisen. Lassen Sie sich dabei nicht vom Geschriebenen ablenken, sondern lassen Sie das Umkreisen ganz automatisch geschehen. Das Umkreisen dient nur dazu, Ihren Körper und vor allem Ihren Verstand zu beschäftigen, sodass Sie sich als reines Bewusstsein mit der Erfüllung des Geschriebenen verbinden können und diese Verbindung solange halten, bis sich der Wunsch erfüllt HAT.

Sie erkennen das daran, dass Sie vorerst ein starkes Gefühl der Freude spüren und nachfolgend von tiefer Dankbarkeit erfüllt sind. Das sind die Zeichen, dass es bereits geschehen IST. Ihre SELBST-Versunkenheit bewirkt, dass sich das Geschriebene von einer Möglichkeit zur erlebten Realität wandelt und in Ihrem Leben »in Erscheinung« tritt.

Wenn Sie spüren, dass es geschehen ist, bleiben Sie noch eine Weile in der »Gewissheit der Erfüllung«, in der Freude und Dankbarkeit, dass es nun ein Teil Ihres Lebens geworden ist.

Mit meiner gerichteten Aufmerksamkeit schaffe ich eine Energiebahn, durch die die »schöpferische Urkraft« in die gewünschte Form fließen kann, die durch

die Vorstellung des erwünschten Endzustands geschaffen wird, bis sie »erfüllt« ist. Das ganze Geheimnis besteht darin, lange genug die »energetische Verbindung« zu halten, bis die schöpferische Kraft das Werk vollbracht hat. Mit zunehmender Durchführung wird das bereits nach cirka dreißig Minuten erreicht sein.

Der wahre Meister zeigt sich im ALLTAG mit all seinen herausfordernden Gegebenheiten. Solange Sie noch reagieren und hadern, lösen und eingreifen, ändern und manipulieren wollen, geschieht das über ihre Persönlichkeit. Ihr SELBST aber hadert nicht.

Da es in ALLEM ist und durch ALLES wirkt, ist es auch in ALLEM enthalten und somit ist es in ALLEM und durch alles, formvollendetes Glück IN SICH SELBST.
Die Umstände mögen nur einen Unwissenden interessieren, wobei der Wissende hingegen sich nicht um die vergängliche Welt kümmert.

Wichtig ist es, dass ich mich irgendwann entscheide, nicht mehr nur so »vor mich hin zu leben«, sondern damit beginne, zu mir SELBST zu »erwachen«. Der Reiz des Irdischen mag verlockend sein, doch auch der ist vergänglich. Und wenn ich nicht weiß, WER oder WAS ich bin, dann sollte ich mich auf das Abenteuer einlassen, das herauszufinden, denn nichts ist wichtiger als sich SELBST zu erfahren. Die eigene Größe zu erkunden und seine Grenzenlosigkeit zu entdecken, ist das größte Abenteuer, das das Leben zu bieten hat und dazu ist es da!

**DAS LEBEN
HAT KEINEN ANDEREN GRUND,
ALS DURCHSCHAUT ZU WERDEN.**

Dieses Erwachen zur eigenen Größe wird Teil des kollektiven Bewusstseins und verändert so die Welt. Es wird Teil der kollektiven Erfahrung und ermöglicht damit auch anderen in diese Erfahrung einzutreten. **Ist es nicht großartig, in einer solchen Zeit zu leben, in der die Evolution nach Milliarden von Jahren einem einmaligen Höhepunkt zustrebt?**

DIE »MACHT DES DANKENS«

Ehrlichen Herzens zu danken, ist der Anfang aller Wunder. Zu danken, ist das wirksamste Gebet, das IMMER erhört wird. Es heißt nicht umsonst: »Keiner wird je vergebens danken!« In dem Augenblick, in dem ich Dankbarkeit für etwas wirklich fühle, ist das, wofür ich mich bedanke, bereits auf dem Weg zu mir. Das Leben findet den bestmöglichen Weg, um es als meine erlebte Realität in Erscheinung treten zu lassen. Es lenkt die Handlungen anderer Menschen und den Zufall IMMER so, dass das Bedankte in mein Leben tritt.

»DANKE, UND DIR WIRD GEGEBEN WERDEN!«

Erlebte Dankbarkeit ist der schnellste Weg, um in die Frequenz des Empfangens zu kommen. Das heißt in der Imagination zu erleben, dass es BEREITS geschehen IST, dass Sie BEREITS bekommen HABEN, dass Sie BEREITS am Ziel sind.

Es führt über das Gefühl zur VERINNERLICHUNG des Gefühls, um schlussendlich DANKBARKEIT zu sein.

Wenn alle Zellen Ihres Körpers und jeder Wesenszug Ihres Daseins, weit über Ihren Körper hinaus, mit tiefer Dankbarkeit durchströmt sind, dann ist es bereits »Realität«. Indem Sie DANKBARKEIT sind, es verinnerlicht haben und es bereits aus dem erfüllten EINTREFFEN heraus erleben, ist es in JEDEM FALL bereits geschehen. Dann MUSS es sich in Ihrem Leben – aus Ihrem erwachten Bewusstsein heraus – nur noch manifestieren. Machen Sie sich also bewusst, dass Ihr Wunsch im gleichen Augenblick, in dem Sie die Ursache setzen, bereits verwirklicht IST! Es dauert nur noch einige Zeit, bis es als Wirkung in Erscheinung treten kann.

SCHRITTE AUF DEM WEG

- Erkennen, dass wir schlafen, denn wir werden nicht aufwachen können, wenn wir glauben, wach zu sein.
- Solange ich mich mit dem Körper, dem Verstand und der Persönlichkeit identifiziere, solange KANN ich nicht aufwachen.
- Mit dem Bewusstsein erwacht die Wahrnehmung der »Wirklichkeit«. Leben als Beobachter.
- Die natürliche Vollkommenheit bei ALLEM erleben, was ich gerade tue. Das mag mit einem vollkommenen Handgriff beginnen.
- Zur Ein-Sicht kommen.
- Im Laufe des Tages viele Inseln der »Vollkommenheit« schaffen.

- Ich esse das, worauf ich dabei mein Bewusstsein richte.
- Ich verwandle bewusst ALLES, was ich esse und trinke in Licht.
- Mit geschlossenen Augen nach oben durch die Schädeldecke in die »Grenzenlosigkeit meines Wahren SEINS« schauen.
- Die Wahrnehmung weicht dem Denken. Damit verschwindet auch das »persönliche Ich«, das es ohnehin nie gegeben hat.
- Im reinen Gewahrsein leben. Das Bewusstsein mit einer bestimmten Energiequalität erfüllen, und damit die Lebensumstände und Ereignisse, die ich »anziehe« bestimmen.
- Liebevoll und segensreich leben. Ein idealer Partner sein.
- In ständiger Meditation leben. Bei sich bleiben, zentriert sein und nach INNEN schauen.
- Bewusst »Alter-los« und »KARMA-frei« leben.
- Die natürliche Weisheit des Lebens bestimmen lassen. Das Leben liefert mir immer das ENTSPRECHENDE.

- In allem, was geschieht, die VOLLKOMMENHEIT erkennen.
- STÄNDIG »stimmig« leben und bewusst SEIN. Mühelosigkeit.
- Bewusst als »lichtvolle Präsenz des SEINS« leben. Sich SELBST gewahr sein.
- Aus dem »Universal-Heilungspunkt« heraus leben. Das Bewusstsein ist der Künstler und unser Leben ist das Kunstwerk.

Das Leben ist eine »Forschungsreise ins Bewusstsein«!

DIE »HOHE KUNST DER MÜHELOSIGKEIT«

Als sich die Welt durch Gott gebar, geschah das in völliger Mühelosigkeit. Auch die Natur funktioniert völlig mühelos und wählt stets den leichtesten Weg. Das Prinzip ist auch als mathematisches Gesetz bekannt, als »das Prinzip des geringsten Aufwands«. ALLES im Universum folgt diesem Prinzip, warum sollten wir das nicht auch tun? Alles »geschieht« völlig mühelos.

Dazu gehört folgender Leitsatz: »Erst gewinnen, DANN beginnen«! Unter dem Motto: Zuerst am Ziel SEIN, dann erst den ersten Schritt tun. Nichts kann »in Erscheinung« treten, das Sie zuvor nicht »in Besitz« genommen haben, das heißt sich vorzustellen, dass es bereits da ist. Sorgen Sie zunächst einmal dafür, dass Sie unerwünschte Ereignisse nicht mehr anziehen und erschaffen Sie sich dann, was immer Sie wollen. Ihre »energetische Signatur« ist der Magnet, der das anzieht, was ihr entspricht und fern hält, was ihr nicht entspricht. Leben ist ein »energy-game«. Indem Sie die Richtung Ihrer Aufmerksamkeit ändern, ändert sich Ihr ganzes Leben.

Kommen Sie vom »Werken« zum »WIRKEN«. Das WIRKEN ist an die EINE KRAFT angeschlossen – ja es ist diese EINE KRAFT, die wirkt. Wahrer Erfolg ist immer mühelos und voller Freude und damit bringen Sie das Glück auf Ihre Seite. Entfernen Sie JEDES »MUSS« aus Ihrem Leben, denn im »Spiel des Lebens« gibt es kein »MUSS«! **Es geht NICHT darum, »vorwärts« zu kommen, irgendetwas zu erreichen, sich zu »verwirklichen« oder einem anderen Scheinziel des Verstandes nachzukommen.**

Sobald Sie sich ganz auf das JETZT einlassen, werden Sie die »Leichtigkeit des SEINS« erleben. So kann ich auch für alles den optimalen Zeitpunkt erkennen, denn alles hat SEINE Zeit. Das »Richtig« zum »falschen« Zeitpunkt ist »falsch«. Also auch der Zeitpunkt muss STIMMEN.

Mit JEDER Entscheidung wähle ich auch das entsprechende Leben. Und wenn ich mich »verwählt« habe, kann ich jederzeit wieder neu wählen.

SO IST JEDER AUGENBLICK EIN »TOR ZU EINEM GANZ NEUEN LEBEN«, AUF EINER GANZ ANDEREN EBENE DES SEINS – ALS BEWUSSTSEIN.

Das Paradies wartet auf SIE – worauf warten Sie? Die Tür ist offen!!!

LEBEN ALS »LITTLE BUDDHA« IM ALLTAG

Das Außergewöhnliche im Alltäglichen erleben.

Eine kurze Zusammenfassung:

- Ich beginne den Tag als ich SELBST.
- Ich erinnere mich nach dem Aufwachen an den, der ich WIRKLICH bin.
- Ich segne ALLE Aspekte meines Lebens, als ich SELBST.
- Ich segne meine Beziehung und meine segensreiche Tätigkeit.
- Ich segne meine Familie, meine Wohnung, mein Auto und jede Fahrt.
- Ich segne meinen Körper und meine Gesundheit.

- Ich segne ALLES, was ich denke, fühle, sage und tue, und ich segne die daraus entstehenden segensreichen Wirkungen.
- Ich segne DIESEN Tag und die segensreiche Wirkung des Segnens.
- Ich segne dankbar das wunderbare »Geschenk zu leben«.
- Ich »treffe« in jedem einzelnen Fall die richtige Entscheidung. Wichtige Entscheidungen kontrolliere ich mit dem »Energiestab«. Das führt dazu, dass ich zunehmend »stimmig« lebe.
- Ich erkenne, dass mein Körper, ja mein ganzes Leben, ein vollkommener Ausdruck der Vollkommenheit des SEINS ist. Ich kann nur das als »ICH« bezeichnen, was auch ein ICH ist. Das wahre ICH ist das, was ich wirklich bin – das, was ich aber fälschlicherweise als ICH bezeichne, ist nur das Instrument.
- Ich erkenne und befolge die »Botschaften des Lebens«. Die Botschaft meines Körpers, aber auch die »Botschaft der Lebensumstände«. ALLES ist eine Botschaft und ein liebevoller Hinweis des Lebens.
- Ich gehe achtsam durch mein Leben und nehme das wahr, was IST. So erkenne ich immer klarer die »Wirklichkeit hinter dem Schein«.

- Ich bestimme ganz bewusst, WAS ich esse. Das betrifft nicht nur die richtige Auswahl meiner Nahrung, sondern auch, worauf ich während des Essens mein Bewusstsein richte. So kann ich bewusst Energie und Licht zu mir nehmen.
- Ich lenke bewusst meine Aufmerksamkeit auf das Wesentliche und optimiere so STÄNDIG meine »energetische Signatur«.
- Ich gestatte meiner Aufmerksamkeit, nie mehr länger als zwei bis drei SEKUNDEN bei etwas zu bleiben, was NICHT stimmig ist. In diesem Fall ziehe ich sie bewusst ab und richte sie auf das, was »stimmt«. Die Aufmerksamkeit darauf gerichtet zu halten, folgt dann mit leichter Mühelosigkeit.
- Ich lebe ganz bewusst als »liebevolle und segensreiche Präsenz des SEINS«. Immer wieder erlebe ich ganz BEWUSST, die Vollkommenheit meines Wahren SEINS. Dies geschieht, indem ich absolut vollkommen handle. So schaffe ich immer mehrere kleine »Inseln der Vollkommenheit«, die meinen Alltag stärken. Bald schon wird es für mich ganz natürlich, STÄNDIG ALLES vollkommen zu tun. Die »natürliche Weisheit des SEINS« erwacht so in mir und bestimmt mein Leben.

- Ich bin mir gewahr, dass die Vollkommenheit meines Wahren SEINS alles »Unheil« auflöst.
- Ich lebe zunehmend im »reinen Gewahrsein« und damit in der Klarheit und »Geistesgegenwart«. Ich bin mir STÄNDIG bewusst, dass ich ewig und damit unsterblich und »Alter-los« bin. Das alles erlebe ich in vollkommener Mühelosigkeit. Die »Illusion des Ich« verschwindet und damit lösen sich auch Probleme auf. Ich ERLEBE, wie ich von der Schöpfung »gemeint« bin.
- Ich trete durch »die Tür des Augenblicks« in die »Wirklichkeit meines wahren SEINS« und bin ganz »DA«, ganz präsent, und schaue mir in FREUDE und DANKBARKEIT beim leben zu.
- Ich lebe das Leben als STÄNDIGER Beobachter und lasse die Dinge wertungsfrei geschehen.
- Ich erlebe bewusst meine »Ideal-Persönlichkeit« in STÄNDIGER Achtsamkeit. Ich komme zur EIN-Sicht und lebe wunschlos in der Liebe. Zu meiner Ideal-Persönlichkeit gehört auch die natürliche Weisheit. Aber auch vollkommen mühelos zu leben in der »Leichtigkeit des SEINS«. Dazu gehört auch, stimmig »zu leben«, im Ein-Klang mit meinem Wahren SEIN zu erleben, dass ALLES stimmt – meine Hal-

tung, körperlich wie geistig, mein Bewusst-SEIN, meine Entscheidungen etc. ...

- Ich lebe bewusst achtsam und liebevoll und werde JEDEM zum Segen, der mir begegnet. Ich lebe bewusst als ungetrennter Teil des EINEN SEINS. Ich erkenne und lebe meine natürliche Größe und Vollkommenheit.
- Ich BIN ein idealer Partner und begegne JEDEM, der mir begegnet liebevoll. Die natürliche Weisheit bestimmt mein Leben und ich lebe als liebevolle Präsenz des SEINS!
- Ich erlebe diese natürliche Vollkommenheit bei ALLEM, was ich gerade tue. Bei JEDER Bewegung, im Gespräch, beim Auto-Fahren etc. ... – wirklich bei ALLEM.
- Ich schaue JEDEN Abend auf einen erfüllten Tag zurück, mache mir bewusst, was ich morgen noch bewusster und vollkommener tun kann und wie ich die Vollkommenheit meines wahren SEINS noch vollkommener zum Ausdruck bringen kann. Ich schlafe als ICH SELBST ein und bin für das Kunstwerk eines neuen Tages bereit.
- Ich brauche keinen Meister und muss nirgendwohin. Alles geschieht JETZT. Bewusst-SEIN ist eine

Meisterprüfung, die ich in JEDEM Augenblick neu ablege und bestehe. Und so gehe ich STÄNDIG als ICH BIN-Bewusst-SEIN unberührt von den Ereignissen durch den Alltag, als der, der ich wirklich BIN!

- Ich erfülle mich: Indem ich mich mit einer bestimmten Schwingung erfülle, verändert sich meine »energetische Signatur« und damit das, was ich in mein Leben ziehe, meine Lebensumstände, mein Schicksal.
- Ich bin mir bewusst: Sich seinem BEWUSSTSEIN bewusst zu SEIN und reines »Wahr-nehmen« ist das Ende aller Fragen. Bewusstsein ist Wissen – nicht Kopf-Wissen, sondern Ur-Wissen.
- ICH BIN: Sobald Bewusstsein den Körper erfüllt, geschieht STÄNDIG Heilung. Indem ich ALLES Unvollkommene loslasse, BIN ich vollkommen. Ich trete einfach hervor, und lebe «angekommen"! Ich bin reine Energie, ein Energiefeld. Ich bin nicht im Körper, der Körper ist in mir – ich bin grenzenloses SEIN.

Mit der Aufhebung der »Illusion des Ich« verändert sich die Sichtweise zum Leid. Das Denken, das bisher glaubte alles regeln zu müssen, ohne es wirklich jemals gekonnt zu haben, wird umfassend durch die Wahrnehmung ersetzt.

Indem ich beginne wach zu sein, erkenne ich, wer ich wirklich BIN und erkenne die Vollkommenheit meines wahren SEINS. Damit ist meine individuelle Evolution vollendet. Von einem Moment zum anderen ist man plötzlich zuhause »angekommen«. Alles ist so selbstverständlich und gleichzeitig vollständig gegenwärtig. **Man erkennt die »Illusion des Ich« und erlebt die Wirklichkeit des SEINS.** Man erlebt das Leben viel intensiver als vorher, kann in einzelne Aspekte ganz eintauchen, ohne sich jedoch noch einmal darin verwickeln zu lassen und dabei seine »wahre Identität« zu vergessen. Wie ein Schauspieler, der bewusst eine Rolle spielt, die er frei gewählt hat, ohne dabei zu vergessen, wer er wirklich ist, bleibt man bei sich.

Es gibt keine separate Person, kein persönliches »ICH«, sondern nur BEWUSSTSEIN, das die einzige Wirklichkeit ist. Wir wissen ALLES, über ALLES, weil wir ALLES sind. Sich in dieses Wissen einzuklinken, heißt, sich zu öffnen und innerlich STILL zu werden. Das wahre Wissen ist dort, wo Denken nicht stattfinden kann. Allwissenheit heißt, sich selbst wieder zu erkennen.

ÜBER DEN AUTOR

Kurt Tepperwein gehört zu den bekanntesten Lebenslehrern, Mental- und Intuitionstrainern in Europa. Er widmete sich nach langjähriger Unternehmensberater- und Heilpraktikertätigkeit voll und ganz dem Mysterium Leben.

Als Bewusstseinsforscher, Seminarleiter und Autor unzähliger Werke erfuhr er viele Ehrungen und sieht seine Aufgabe darin, das allumfassende Wissen sowie seine wertvollen Erkenntnisse mit nach dem Lebenssinn suchenden Menschen zu teilen.

Kurt Tepperwein versteht es wie kaum ein anderer, die materielle und geistige Sicht der Dinge zu umfassen und sie in einer harmonischen Ganzheit zu betrachten.

160 Seiten, farbig, broschiert
ISBN 978-3-89845-668-5
€ [D] 15,00

Kurt Tepperwein

Das Erfolgs-Mindset

Zeitlos, inspirierend, wertvoll

Frust, Angst, Zweifel ade – und hallo Selbstsicherheit, Erfolg und Harmonie. So einfach? Ja, mit der revolutionären Methode des Mindset können Sie Ihren Sorgen endlich Lebewohl sagen und sich auf ein Leben in Freude und Fülle freuen.

Mentalcoach Kurt Tepperwein hat hilfreiche Gedanken gesammelt, die Sie erkennen lassen, wer Sie wirklich sind, was Sie vom Leben erwarten dürfen und welche Aufgabe Sie persönlich hier erfüllen sollen. Zeitloses und wertvolles Wissen, das Sie regelrecht umprogrammiert auf das Leben, das Sie sich immer erträumt haben. Nutzen Sie Ihre kreativen Gedanken!

136 Seiten, broschiert
ISBN 978-3-89845-608-1
€ [D] 12,00

Kurt Tepperwein

Was immer du willst

Magnetisch anziehen, was Freude macht

Jeder Mensch besitzt magnetische Kräfte. Er strahlt nicht nur etwas aus, sondern verfügt auch über eine unbewusste Anziehungskraft. Mit Hilfe dieses Buches zeigt Ihnen Kurt Tepperwein, wie Sie Ihre Sinne schärfen und Ihre Magnetkräfte aktivieren können, um Ihrem Leben eine Richtung zu geben, die nicht nur befriedigend ist, sondern die Sie wirklich zufrieden und glücklich macht.

Wenn Sie also magnetisch anziehen wollen, was Freude macht, und sich nebenbei von alten Gewohnheiten trennen möchten, halten Sie das absolut richtige Buch in der Hand. Es ist an der Zeit, dass Sie bekommen, was immer Sie wollen!

160 Seiten, broschiert
ISBN 978-3-89845-611-1
€ [D] 14,00

Kurt Tepperwein

Vergiss dich nicht

Die 23 Tugenden für ein bewusstes Leben

Seit jeher sehnen wir uns nach Veränderungen. Wir probieren vieles aus und bemerken aber, dass wir immer wieder am gleichen Punkt landen.
Der erfolgreiche Autor Kurt Tepperwein lädt uns dazu ein, etwas genauer hinzu-sehen und das Leben mit 23 längst vergessenen Tugenden, die aktueller denn je sind, neu zu entdecken.
Dieses Buch geht mit dir den Weg in ein bewusstes Leben. Es rüttelt wach, fängt auf, harmonisiert und begleitet.
Es liegt nur an uns, diese Tugenden wieder zum Leben zu erwecken ...

176 Seiten, broschiert
ISBN 978-3-89845-412-4
€ [D] 12,65

Kurt Tepperwein

Nichts geschieht umsonst

Die Sprache des Lebens verstehen

Alles, was uns begegnet, und alles, was uns widerfährt, sind Botschaften des Lebens, die uns etwas Wichtiges mitzuteilen haben. Das Leben spricht ständig zu uns, allerdings müssen wir die Sprache des Lebens erst erlernen. Wenn Sie diese Sprache beherrschen, ist es Ihnen sogar möglich, die Botschaften des Lebens gezielt abzufragen. Sie können alle Erfahrungen und die verschiedensten Arten von Hinweisen optimal für sich nutzen, um ein erfolgreiches, erfülltes und gesundes Leben zu führen. Ein Buch, das sich mit allen Alltagsthemen auseinandersetzt und keine Fragen offenlässt.

416 Seiten, durchg. farbig,
Flexocover
ISBN 978-3-89845-554-1
€ [D] 36,00

Indu Arora

Das große Buch der Mudrās

Heilende Übungen für Körper und Seele

Indu Arora ist eine Yoga-Meisterin, Yoga-Therapeutin, ayurvedische Klinikmedizinerin und Autorin mit langjähriger Lehrerfahrung. Mit diesem Buch eröffnet sie uns die Welt der Mudras. Oder in ihren Worten: »Ich möchte mit Ihnen die Weisheit des Yoga und Ayurveda teilen, die Einfachheit in unser kompliziertes Leben bringt. In Harmonie mit unserer inneren Natur und der Natur als solcher zu leben, bringt uns Gesundheit. Nichts hat eine größere Macht, uns zu heilen, als das Selbst!«

Meditations-CD, ca. 70 Min.,
mit Begleitheft, im Digipack
ISBN 978-3-89845-485-8
€ [D] 9,95

Music Meditation

Segne deinen Körper

Entdecke deine lebendige Energie

Die CD »Segne deinen Körper« übt eine heilende und beruhigende Wirkung auf den gesamten Körper aus und aktiviert unsere Selbstheilungskräfte. Sie bewegt unsere energetischen Schwingungen und wirkt somit auf unsere ursächliche Energie, direkt auf unser Energiepotenzial.
Die heilende Meditation hilft bei psychischen und körperlichen Problemen, während wir schlafen oder wach sind. Sie wirkt sich sofort positiv auf uns aus, hilft uns, unsere Kräfte zu aktivieren und unsere innere Energie zu fühlen. Und so gibt uns diese CD die Kraft, uns selbst zu segnen und zu heilen.

160 Seiten, durchg. farbig, gebunden
ISBN 978-3-89845-623-4
€ [D] 16,00

Theo Fischer

WuWei – Lebenskunst des Tao

Nichts tun und alles erreichen

Wer sich der jahrtausendealten Weisheit des Tao öffnet, wird erfahren, dass es sich mit ihr unbeschreiblich leicht lebt.
Theo Fischer zeigt, wie man lernen kann, in der Gegenwart zu leben und das Leben zu genießen. Er begleitet uns auf dem Weg des Tao, der uns zeigt, dass wir das Leben annehmen sollen, so wie es ist, wie man aus seiner Mitte heraus durch Geschehenlassen handeln kann und dadurch frei von Sorgen und Gedanken um das Morgen wird. Wer aufhört, gegen seine innere Kraft zu kämpfen, der erfährt, wie schön und voller Freude unser Dasein von seiner ursprünglichen Bestimmung her sein kann.

208 Seiten, broschiert
ISBN 978-3-89845-663-0
€ [D] 14,00

Deine Mutmacherin – Ilona Friederici

L(i)ebe dein perfekt unperfektes Leben

Es gibt Tage, Erlebnisse und Begegnungen, die verändern dein Denken und dann dein Leben. Berührende, wahre Kurzgeschichten, die durch einen anderen Blickwinkel und aus einer anderen Perspektive die Sicht aufs Leben gravierend und positiv verändern. Die Mut machen, die Zukunft mit mehr Zuversicht und Optimismus zu sehen. Lasse dich motivieren das Leben, so unperfekt es auch zu sein scheint, zu lieben.

Weiterführende Informationen zu
Büchern, Autoren und den Aktivitäten
des Silberschnur Verlages erhalten Sie unter:
www.silberschnur.de

Natürlich können Sie uns auch gerne den
Antwort-Coupon aus dem beiliegenden
Lesezeichenflyer zusenden.

Ihr Interesse wird belohnt!